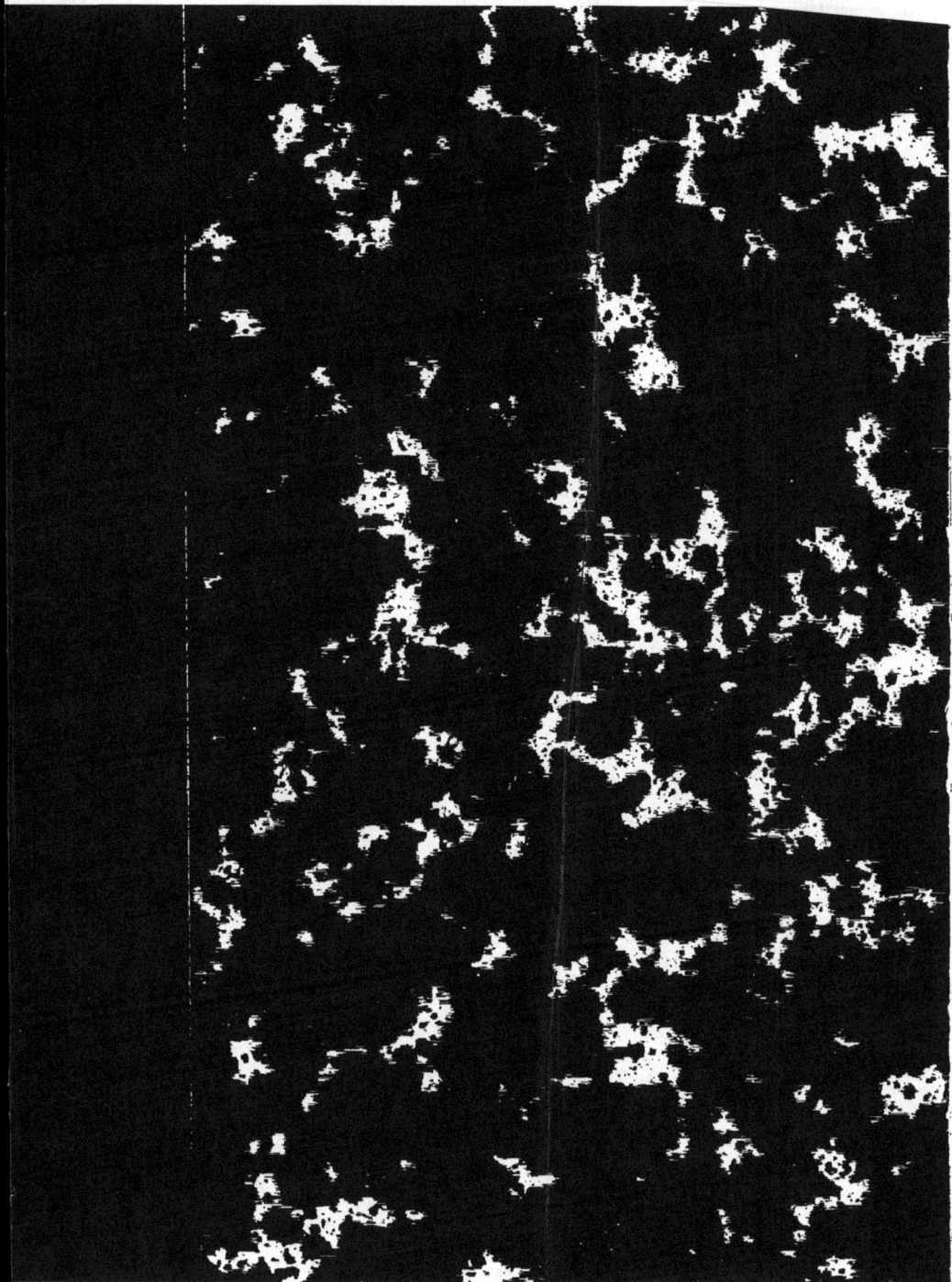

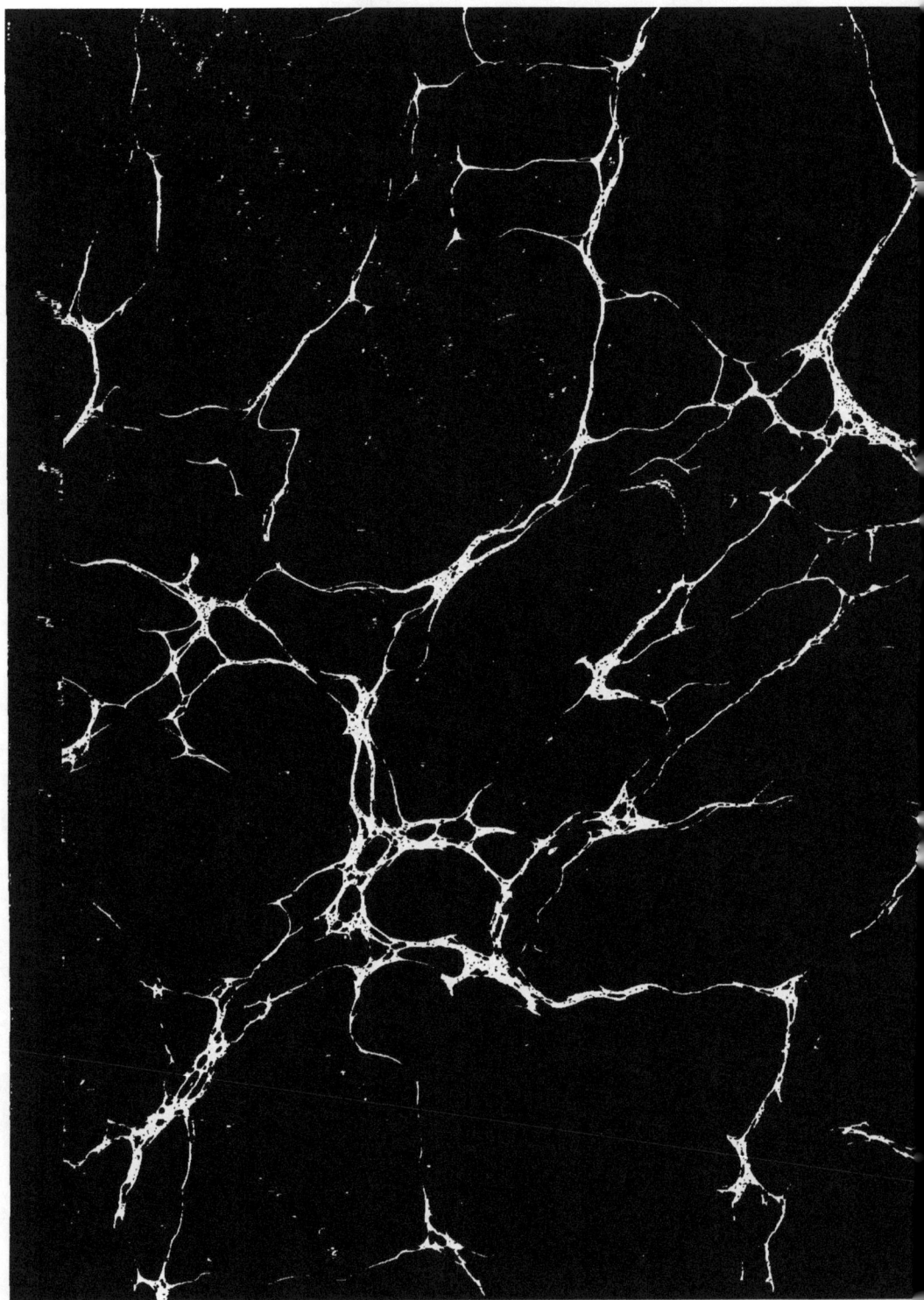

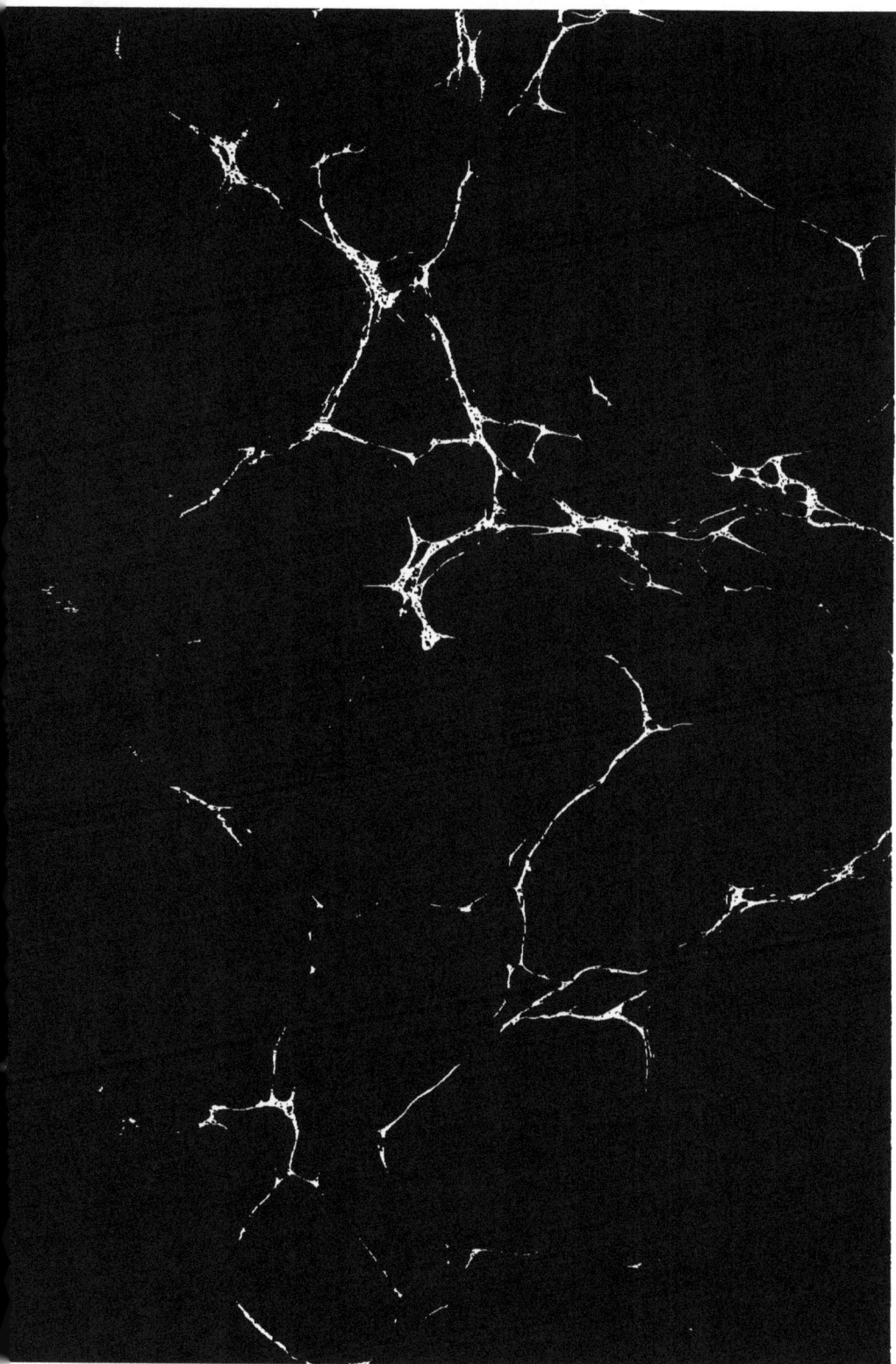

LE MANUSCRIT

DE

SAINTE-HÉLÈNE,

PUBLIÉ

POUR LA PREMIÈRE FOIS

AVEC

DES NOTES DE NAPOLÉON.

PARIS.

BAUDOUIN FRÈRES, RUE DE VAUGIRARD, N° 36.

Londres, Bossange.	Vienne, Gerold.
Genève, Paschoud.	Milan, Giegler.
Bruxelles, Lecharlier.	Leipsick, Brockaus.

1821.

AVERTISSEMENT DE L'ÉDITEUR.

Le Manuscrit venu de Sainte-Hélène est-il ou n'est-il pas de Napoléon? Cette question n'avait pas encore été résolue jusqu'à ce jour. Pour qu'il ne reste aucun doute à cet égard, on publie aujourd'hui des observations qu'il est impossible de récuser, et recueillies à Sainte-Hélène même.

En les lisant, on jugera quelle était la véritable pensée de l'illustre prisonnier ; on rectifiera plusieurs anachronismes : enfin l'on se convaincra que le Manuscrit de Sainte-Hélène fut écrit en Europe sur des notes précieuses sans doute, mais dont on ne sut pas faire usage, et que la malveillance défigura peut-être à dessein.

Les observations de Napoléon, sur le Manuscrit qui lui fut long-temps attribué, ont surtout cet avantage qu'elles constatent en quelque sorte la vérité des faits sur les quels il n'a point élevé d'objections. La conviction intime que ces remarques produisent est telle, qu'il est inutile de fatiguer le lecteur de réflexions à ce sujet.

G★★★★★.

1er octobre 1821.

quels il n'a point élevé d'objections. La conviction intime que ces remarques produisent est telle, qu'il est inutile de fatiguer le lecteur de réflexions à ce sujet.

G★★★★★.

1er octobre 1821.

1.ᵉ᷎ Préliminaire de Paix ——— 1 octobre 1801

2.° ————————— 11 août 1801

3. ————————— 1801

4.° ————————— 1801

5.ᵉ ————————— 1801

6.° ————————— 2 septembre 1802

7.ᵉ ————————— 30 août 1807

MANUSCRIT

DE SAINTE-HÉLÈNE,

AVEC DES NOTES

DE NAPOLÉON.

———◦◦◦———

Je n'écris pas des commentaires : car les événemens de mon règne sont assez connus, et je ne suis pas obligé d'alimenter la curiosité publique. Je donne le précis de ces événemens, parce que mon caractère et mes intentions peuvent être étrangement défigurés, et je tiens à paraître tel que j'ai été, aux yeux de mon fils comme à ceux de la postérité.

C'est le but de cet écrit. Je suis forcé d'employer une voie détournée pour le faire paraître ; car s'il tombait dans les mains des ministres anglais, je sais, par expérience, qu'il resterait dans leurs bureaux.

Ma vie a été si étonnante, que les admirateurs de mon pouvoir ont pensé que mon enfance même avait été extraordinaire. Ils se

MANUSCRIT

DE SAINTE-HÉLÈNE,

AVEC DES NOTES

DE NAPOLÉON.

Je n'écris pas des commentaires : car les événemens de mon règne sont assez connus, et je ne suis pas obligé d'alimenter la curiosité publique. Je donne le précis de ces événemens, parce que mon caractère et mes intentions peuvent être étrangement défigurés, et je tiens à paraître tel que j'ai été, aux yeux de mon fils comme à ceux de la postérité.

C'est le but de cet écrit. Je suis forcé d'employer une voie détournée pour le faire paraître ; car s'il tombait dans les mains des ministres anglais, je sais, par expérience, qu'il resterait dans leurs bureaux.

Ma vie a été si étonnante, que les admirateurs de mon pouvoir ont pensé que mon enfance même avait été extraordinaire. Ils se

sont trompés. Mes premières années n'ont rien
eu de singulier. Je n'étais qu'un enfant obstiné
et curieux. Ma première éducation a été pi-
toyable, comme tout ce qu'on faisait en Corse.
J'ai appris assez facilement le français, par les
militaires de la garnison, avec lesquels je passais mon temps.

Je réussissais dans ce que j'entreprenais
parce que je le voulais : mes volontés étaient
fortes, et mon caractère décidé. Je n'hésitais
jamais ; ce qui m'a donné de l'avantage sur
tout le monde. La volonté dépend, au reste,
de la trempe de l'individu ; il n'appartient pas
à chacun d'être maître chez lui.

Mon esprit me portait à détester les illusions ; j'ai toujours discerné la vérité de plein
saut ; c'est pourquoi j'ai toujours vu mieux que
d'autres le fond des choses. Le monde a toujours été pour moi dans le fait, et non dans le
droit. Aussi n'ai-je ressemblé à peu près à personne. J'ai été, par ma nature, toujours isolé.

Je n'ai jamais compris quel serait le parti
que je pourrais tirer des études, et dans le fait
elles ne m'ont servi qu'à m'apprendre des mé-
thodes. Je n'ai retiré quelque fruit que des mathématiques. Le reste ne m'a été utile à rien :
mais j'étudiais par amour-propre.

Mes facultés intellectuelles prenaient cependant leur essor, sans que je m'en mêlasse. Elles ne consistaient que dans une grande mobilité des fibres de mon cerveau. Je pensais plus vite que les autres ; en sorte qu'il m'est toujours resté du temps pour réfléchir. C'est en cela qu'a consisté ma profondeur.

Ma tête était trop active pour m'amuser avec les divertissemens ordinaires de la jeunesse. Je n'y étais pas totalement étranger ; mais je cherchais ailleurs de quoi m'intéresser. Cette disposition me plaçait dans une espèce de solitude où je ne trouvais que mes propres pensées. Cette manière d'être m'a été habituelle dans toutes les situations de ma vie.

Je me plaisais à résoudre des problèmes : je les cherchais dans les mathématiques ; mais j'en eus bientôt assez, parce que l'ordre matériel est extrêmement borné. Je les cherchai alors dans l'ordre moral : c'est le travail qui m'a le mieux réussi. Cette recherche est devenue chez moi une disposition habituelle. Je lui ai dû les grands pas que j'ai fait faire à la politique et à la guerre.

Ma naissance me destinait au service : c'est pourquoi j'ai été placé dans les écoles militaires. J'obtins une lieutenance au commencement de la révolution (1). Je n'ai jamais reçu de titres avec autant de plaisir que celui-là. Le comble de mon ambition se bornait alors à porter un jour une épaulette à bouillons sur chacune de mes épaules : un colonel d'artillerie me paraissait le *nec plus ultrà* de la grandeur humaine.

J'étais trop jeune dans ce temps pour mettre de l'intérêt à la politique. Je ne jugeais pas encore de l'homme en masse. Aussi je n'étais ni surpris ni effrayé du désordre qui régnait à cette époque, parce que je n'avais pu la comparer avec aucune autre. Je m'accommodai de ce que je trouvai. Je n'étais pas encore difficile.

On m'employa dans l'armée des Alpes (2). Cette armée ne faisait rien de ce que doit faire une armée. Elle ne connaissait ni la discipline ni la guerre. J'étais à mauvaise école. Il est vrai que nous n'avions pas d'ennemis à combattre ; nous n'étions chargés que d'empêcher les Pié-

---

(1) Napoléon entra, en qualité de sous-lieutenant, dans le régiment de la Fère, en octobre 1785, et rejoignit ce régiment à Valence, en Dauphiné.   (N.)

(2) Napoléon ne fut jamais employé à l'armée des Alpes, et ne fut jamais sur le mont Genèvre.   (N.)

montais de passer les Alpes, et rien n'était si facile.

L'anarchie régnait dans nos cantonnemens : le soldat n'avait aucun respect pour l'officier ; l'officier n'en avait guère pour le général : ceux-ci étaient tous les matins destitués par les représentans du peuple : l'armée n'accordait qu'à ces derniers l'idée du pouvoir, la plus forte sur l'esprit humain. J'ai senti dès-lors le danger de l'influence civile sur le militaire, et j'ai su m'en garantir.

Ce n'était pas le talent, mais la loquacité, qui donnait du crédit dans l'armée : tout y dépendait de cette faveur populaire, qu'on obtient par des vociférations.

Je n'ai jamais eu avec la multitude cette communauté de sentimens qui produit l'éloquence des rues. Je n'ai jamais eu le talent d'émouvoir le peuple. Aussi je ne jouais aucun rôle dans cette armée. J'en avais mieux le temps de réfléchir.

J'étudiais la guerre, non sur le papier, mais sur le terrain. Je me trouvai pour la première fois au feu dans une petite affaire de tirailleurs, du côté du Mont Genèvre. Les balles étaient clair-semées ; elles ne firent que blesser quelques-uns de nos gens. Je n'éprouvai pas d'émotion; cela n'en valait pas la peine; j'examinai l'action. Il me parut évident qu'on n'avait des deux côtés aucune intention de donner un résultat à cette fusillade. On se tiraillait seulement pour l'acquit de sa conscience, et parce que c'est l'usage à la guerre. Cette nullité d'objet me déplut; la résistance me donna de l'humeur; je reconnus notre terrain; je pris le fusil d'un blessé, et j'engageai un bonhomme de capitaine qui nous commandait de nourrir son feu, pendant que j'irais avec une douzaine d'hommes couper la retraite des Piémontais.

Il m'avait paru facile d'atteindre une hauteur qui dominait leur position, en passant par un bouquet de sapins sur lequel notre gauche s'appuyait. Notre capitaine s'échauffa; sa troupe gagna du terrain; elle nous renvoya l'ennemi, et lorsqu'il fut ébranlé, je démasquai mes gens. Notre feu gêna sa retraite; nous lui fîmes quelques morts, et vingt prisonniers. Le reste se sauva.

J'ai raconté mon premier fait d'armes, non parce qu'il me valut le grade de capitaine (3),

---

(3) Napoléon obtint le grade de capitaine en 1789, quatre ans avant le commencement de la guerre. (N.)

mais parce qu'il m'initia au secret de la guerre.
Je m'aperçus qu'il était plus facile qu'on ne croit
de battre l'ennemi, et que ce grand art con-
siste à ne pas tâtonner dans l'action, et surtout à ne tenter que des mouvemens décisifs,
parce que c'est ainsi qu'on enlève le soldat.

J'avais gagné mes éperons ; je me croyais
de l'expérience. D'après cela je me sentis
beaucoup d'attrait pour un métier qui me
réussissait si bien. Je ne pensai qu'à cela, et
je me donnai à résoudre tous les problèmes
qu'un champ de bataille peut offrir. J'aurais
voulu étudier aussi la guerre dans les livres,
mais je n'en avais point. Je cherchai à me
rappeler le peu que j'avais lu dans l'histoire,
et je comparais ces récits avec le tableau que
j'avais sous les yeux. Je me suis fait ainsi une
théorie de la guerre, que le temps a dévelop-
pée, mais n'a jamais démentie.

Je menai cette vie insignifiante jusqu'au
siége de Toulon. J'étais alors chef de bataillon, et comme tel je pus avoir quelque
influence sur le succès de ce siége.

Jamais armée ne fut plus mal menée que
la nôtre. On ne savait qui la commandait. Les
généraux ne l'osaient pas, de peur des représentans du peuple : ceux-ci avaient encore

plus de peur du comité de salut public. Les commissaires pillaient, les officiers buvaient, les soldats mouraient de faim ; mais ils avaient de l'insouciance et du courage. Ce désordre même leur inspirait plus de bravoure que la discipline. Aussi suis-je resté convaincu que les armées mécaniques ne valent rien : elles nous l'ont prouvé.

Tout se faisait au camp par motions et par acclamations. Cette manière de faire m'était insupportable, mais je ne pouvais pas l'empêcher, et j'allai à mon but sans m'en embarrasser.

J'étais peut-être le seul dans l'armée qui eût un but ; mais mon goût était d'en mettre au bout de tout. Je ne m'occupai que d'examiner la position de l'ennemi et la nôtre. Je comparai ses moyens moraux et les nôtres. Je vis que nous les avions tous., et qu'il n'en avait point. Son expédition était un misérable coup de tête, dont il devait prévoir d'avance la catastrophe, et l'on est bien faible quand on prévoit d'avance sa déroute.

Je cherchai les meilleurs points d'attaque : je jugeai la portée de nos batteries, et j'indiquai les positions où il fallait les placer. Les officiers expérimentés les trouvèrent trop dan-

gereuses; mais on ne gagne pas des batailles
avec de l'expérience. Je m'obstinai ;. j'exposai
mon plan à Barras (4) : il avait été marin : ces
braves gens n'entendent rien à la guerre, mais
ils ont de l'intrépidité. Barras l'approuva,
parce qu'il voulait en finir. D'ailleurs la Convention ne lui demandait pas compte des bras
et des jambes, mais du succès.

Mes artilleurs étaient braves, et sans expérience. C'est la meilleure de toutes les dispositions pour les soldats. Nos attaques réussirent :
l'ennemi s'intimidait; il n'osait plus rien tenter
contre nous. Il nous envoyait bêtement des
boulets, qui tombaient où ils pouvaient, et ne

---

(4) Napoléon, chef de bataillon d'artillerie, commandait ce corps au siége de Toulon : il n'avait alors
aucune liaison avec Barras, qui, à cette époque, était
employé à une mission à Marseille, ou avec l'armée
d'Italie. Le représentant du peuple qui distingua le
premier, et qui appuya de son crédit les plans qui
réussirent à amener la prise de Toulon, se nommait
Gasparin, député d'Orange, très-chaud convention-
nel, ancien capitaine de dragons, homme fort éclairé,
et qui avait reçu une excellente éducation. Ce fut ce
député qui devina le premier les grands talens militaires du commandant d'artillerie : ce ne fut qu'à l'é-
poque bien connue de vendémiaire que Napoléon fut
uni à Barras.   (N.)

servaient à rien. Les feux que je dirigeais allaient mieux au but. J'y mettais beaucoup de
zèle, parce que j'en attendais mon avance-
ment : j'aimais d'ailleurs le succès pour lui-
même. Je passais mon temps aux batteries ; je
dormais dans nos épaulemens. On ne fait bien
que ce qu'on fait soi-même. Les prisonniers
nous apprenaient que tout allait au diable dans
la place. On l'évacua enfin d'une manière ef-
froyable.

Nous avions bien mérité de la patrie. On
me fit général de brigade. Je fus employé,
dénoncé, destitué, ballotté, par les intrigues
et les factions. Je pris en horreur l'anarchie
qui était alors à son comble, et je ne me suis
jamais raccommodé avec elle. Ce gouvernement massacreur m'était d'autant plus antipa-
thique qu'il était absurde, et se dévorait lui-
même. C'était une révolution perpétuelle, dont
les meneurs ne cherchaient pas seulement à
s'établir d'une manière permanente.

Général, mais sans emploi, je fus à Paris (5),

---

(5) Napoléon ne fut jamais sans emploi. Après le siége
de Toulon il fut nommé commandant de l'artillerie de
l'armée d'Italie, et dirigea cette armée : l'exécution
de ses plans valut à la France la prise de Saorgio,
d'Oreille, du Col-de-Tende et d'Ormea. En octobre, il

parce qu'on ne pouvait en obtenir que là. Je m'attachai à Barras, parce que je n'y connaissais que lui. Robespierre était mort ; Barras jouait un rôle ; il fallait bien m'attacher à quelqu'un et à quelque chose.

---

dirigea de la même manière les mouvemens de l'armée d'Italie sur le Bormida, à l'action de Dégo, et à la prise de Savone. En février 1795, il commanda à Toulon l'artillerie de l'expédition maritime destinée d'abord pour la Corse, et ensuite pour Rome. Il recommanda que le convoi ne mît pas à la voile avant que l'escadre française eût forcé la flotte anglaise à s'éloigner ; ce qui donna lieu à l'action de Noli, où le Gaira fut pris, et l'escadre française rentra dans le port. L'expédition maritime fut contremandée. Pendant ce temps, par le moyen de son influence sur l'esprit des canonniers, il calma une insurrection à l'arsenal, et sauva la vie des représentans Mariette et Chambon. En mai 1795, aux travaux d'Ombri, d'aubry il fut placé sur la liste comme général d'infanterie, pour servir dans l'armée de la Vendée, ce qui ne devait durer que jusqu'à ce qu'il y eût une vacance dans le corps de l'artillerie : il se rendit à Paris et refusa de servir dans l'armée de la Vendée. Une dixaine de jours après, Kellermann ayant été battu sur la rivière de Gênes, et l'armée d'Italie étant obligée de faire retraite, Napoléon fut requis par le comité de salut public, alors composé de Sieyes, de Le Tourneur et de Pontécoulant, de rédiger des instructions pour cette armée. Peu après arriva le 13 vendémiaire, et il commanda en chef l'armée de l'intérieur à Paris.   (N.)

L'affaire des sections se préparait : je n'y mettais pas un grand intérêt, parce que je m'occupais moins de politique que de guerre. Je ne pensais pas à jouer un rôle dans cette affaire ; mais Barras me proposa de commander sous lui la force armée contre les insurgés. Je préférais, en qualité de général, d'être à la tête des troupes, plutôt qu'à me jeter dans les rangs des sections, où je n'avais rien à faire.

Nous n'avions, pour garder la salle du manège, qu'une poignée d'hommes, et deux pièces de quatre (6). Une colonne de sectionnaires vint nous attaquer pour son malheur. Je fis mettre le feu à mes pièces; les sectionnaires se sauvèrent; je les fis suivre; ils se jetèrent sur les gradins de Saint-Roch. On n'avait pu passer qu'une pièce, tant la rue était étroite. Elle fit feu sur cette cohue, qui se dispersa en laissant quelques morts : le tout fut terminé en dix minutes.

Cet événement, si petit en lui-même, eut de grandes conséquences : il empêcha la révolution de rétrograder. Je m'attachai naturelle-

---

(6) Il est notoire que, le 13 vendémiaire, la Convention avait pour sa défense six mille hommes et trente pièces de canon.　　　　(N.)

ment au parti pour lequel je venais de me
battre, et je me trouvai lié à la cause de la
révolution.

Je commençai à la mesurer, et je restai
convaincu qu'elle serait victorieuse, parce
qu'elle avait pour elle l'opinion, le nombre et
l'audace.

L'affaire des sections m'éleva au grade de
général de division, et me valut une sorte de
célébrité. Comme le parti vainqueur était in-
quiet de sa victoire, il me garda à Paris malgré
moi; car je n'avais d'autre ambition que celle
de faire la guerre dans mon nouveau grade.

Je restai donc désœuvré sur le pavé de
Paris. Je n'y avais pas de relations; je n'avais
aucune habitude de la société, et je n'allais
que dans celle de Barras, où j'étais bien reçu.
C'est là que j'ai vu, pour la première fois, ma
femme, qui a eu une grande influence sur ma
vie, et dont la mémoire me sera toujours chère.

Je n'étais pas insensible aux charmes des
femmes, mais jusqu'alors elles ne m'avaient
pas gâté; et mon caractère me rendait timide
auprès d'elles. Madame de Beauharnais est la
première qui m'ait rassuré. Elle m'adressa des
choses flatteuses sur mes talens militaires, un
jour où je me trouvai placé auprès d'elle. Cet

éloge m'enivra ; je m'adressai continuellement
à elle ; je la suivais partout ; j'en étais passion-
nément amoureux, et notre société le savait
déjà, que j'étais encore loin d'oser le lui dire.

Mon sentiment s'ébruita ; Barras m'en parla.
Je n'avais pas de raisons pour le nier. « En ce
» cas , me dit-il , il faut que vous épousiez
» madame de Beauharnais. Vous avez un grade
» et des talens à faire valoir ; mais vous êtes
» isolé, sans fortune, sans relations ; il faut
» vous marier; cela donne de l'aplomb. Madame
» de Beauharnais est agréable et spirituelle,
» mais elle est veuve. Cet état ne vaut plus rien
» aujourd'hui ; les femmes ne jouent plus de
» rôle ; il faut qu'elles se marient pour avoir
» de la consistance. Vous avez du caractère;
» vous ferez votre chemin; vous lui convenez;
» voulez-vous me charger de cette négocia-
» tion ? »

J'attendis la réponse avec anxiété. Elle fut
favorable : madame de Beauharnais m'accordait sa main , et s'il y a eu des momens de bonheur dans ma vie, c'est à elle que je les ai dus.

Mon attitude dans le monde changea après
mon mariage. Il s'était refait, sous le Directoire, une manière d'ordre social dans lequel
j'avais pris une place assez élevée. L'ambition

devenait raisonnable chez moi : je pouvais aspirer à tout.

En fait d'ambition, je n'en avais pas d'autre que celle d'obtenir un commandement en chef; car un homme n'est rien, s'il n'est précédé d'une réputation militaire. Je croyais être sûr de faire la mienne, car je me sentais l'instinct de la guerre; mais je n'avais pas de droits fondés pour faire une pareille demande. Il fallait me les donner. Dans ce temps-là ce n'était pas difficile.

L'armée d'Italie était au rebut (7), parce qu'on ne l'avait destinée à rien. Je pensai à la mettre en mouvement pour attaquer l'Autriche sur le point où elle avait plus de sécurité, c'est-à-dire en Italie.

Le Directoire était en paix avec la Prusse et l'Espagne; mais l'Autriche, soldée par l'Angleterre, fortifiait son état militaire, et nous

---

(7) Napoléon fut appelé au commandement en chef de l'armée d'Italie, d'après le désir des officiers et soldats qui avaient exécuté ses plans à Toulon en 1793, et dans le comté de Nice en 1794 et 1795, comme nous l'avons déjà dit. Cette armée coûtait beaucoup d'argent et le trésor public était vide. C'est une bien étrange espèce de rebut que le commandement en chef d'une grande armée et d'une frontière ! (N.)

tenait tête sur le Rhin. Il était évident que
nous devions faire une diversion en Italie, pour
ébranler l'Autriche, pour donner une leçon
aux petits princes d'Italie qui s'étaient ligués
contre nous; pour donner, enfin, une couleur
décidée à la guerre, qui n'en avait point jusqu'alors.

Ce plan était si simple, il convenait si bien
au Directoire, parce qu'il avait besoin de succès pour faire son crédit, que je me hâtai de
le présenter, de peur d'être prévenu. Il n'é-
prouva pas de contradiction, et je fus nommé
général en chef de l'armée d'Italie.

Je partis pour la joindre. Elle avait reçu
quelques renforts de l'armée d'Espagne, et je
la trouvai forte de cinquante mille hommes,
dépourvus de tout, si ce n'est de bonne volonté. J'allais la mettre à l'épreuve. Peu de
jours après mon arrivée, j'ordonnai un mouvement général sur toute la ligne. Elle s'étendait de Nice jusqu'à Savone. C'était au commencement d'avril 1796.

En trois jours nous enlevâmes tous les postes
austro-sardes, qui défendaient les hauteurs de
la Ligurie. L'ennemi, attaqué brusquement,
se rassembla. Nous le rencontrâmes le 10 à
Montenotte : il fut battu. Le 14, nous l'atta-

quâmes à Millesimo ; il fut encore battu, et nous séparâmes les Autrichiens des Piémontais. Ceux-ci vinrent prendre position à Mondovi, tandis que les Autrichiens se retiraient sur le Pô pour couvrir la Lombardie.

Je battis les Piémontais. En trois jours je m'emparai de toutes les positions du Piémont, et nous étions à neuf lieues de Turin, lorsque je reçus un aide-de-camp qui venait demander la paix.

Je me regardai alors, pour la première fois, non plus comme un simple général, mais comme un homme appelé à influer sur le sort des peuples. Je me vis dans l'histoire.

Cette paix changeait mon plan. Il ne se bornait plus à faire la guerre en Italie, mais à la conquérir. Je sentais qu'en élargissant le terrain de la révolution, je donnais une base plus solide à son édifice. C'était le meilleur moyen d'assurer son succès.

La cour de Piémont nous avait cédé toutes ses places fortes. Elle nous avait remis son pays. Nous étions maîtres par-là des Alpes et des Apennins. Nous étions assurés de nos points d'appui, et tranquilles sur notre retraite.

Dans une si belle position, j'allai attaquer

les Autrichiens. Je passai le Pô à Plaisance, et l'Adda à Lodi ; ce ne fut pas sans peine, mais Beaulieu se retira, et j'entrai dans Milan.

Les Autrichiens firent des efforts incroyables pour reprendre l'Italie. Je fus obligé de défaire cinq fois leurs armées pour en venir à bout.

Maître de l'Italie, il fallait y établir le système de la révolution, afin d'attirer ce pays à la France, par des principes et des intérêts communs ; c'est-à-dire, qu'il fallait y détruire l'ancien régime pour y établir l'égalité, parce qu'elle est la cheville ouvrière de la révolution. J'allais donc avoir sur les bras le clergé, la noblesse, et tout ce qui vivait à leur table. Je prévoyais ces résistances, et je résolus de les vaincre par l'autorité des armes, et sans ameuter le peuple.

J'avais fait de grandes actions, mais il fallait prendre une attitude et un langage analogues. La révolution avait détruit chez nous toute espèce de dignités : je ne pouvais pas rendre à la France une pompe royale : je lui donnai le lustre des victoires, et le langage du maître.

Je voulais devenir le protecteur de l'Italie, et non son conquérant. J'y suis parvenu, en maintenant la discipline de l'armée, en puni-

sant sévèrement les révoltes , et surtout en
instituant la république Cisalpine. Par cette
institution je satisfaisais le vœu prononcé des
Italiens, celui d'être indépendans. Je leur donnai ainsi de grandes espérances; il ne dépendait que d'eux de les réaliser en se liant à notre
cause. C'était des alliés que je donnais à la
France.

Cette alliance durera long-temps entre les
deux peuples , parce qu'elle s'est fondée sur
des services et des intérêts communs. Ces deux
peuples ont les mêmes opinions et les mêmes
mobiles. Ils auraient conservé sans moi leur
vieille inimitié.

Sûr de l'Italie, je ne craignis pas de m'aven-
turer jusqu'au centre de l'Autriche. J'arrivai
jusqu'à la vue de Vienne, et je signai là le
traité de Campo-Formio. Ce fut un acte glo-
rieux pour la France.

Le parti que j'avais favorisé au 18 fructidor,
était resté maître de la république. Je l'avais
favorisé parce que c'était le mien, et parce
que c'était le seul qui pût faire marcher la révolution. Or, plus je m'étais mêlé des affaires,
plus je m'étais convaincu qu'il fallait achever
cette révolution, parce qu'elle était le fruit du
siècle et des opinions. Tout ce qui retardait

2*

sa marche ne servait qu'à prolonger la crise.

La paix était faite sur le continent; nous n'étions plus en guerre qu'avec l'Angleterre; mais, faute de champ de bataille, cette guerre nous laissait dans l'inaction. J'avais la conscience de mes moyens; ils étaient de nature à me mettre en évidence, mais ils n'avaient point d'emploi. Je savais cependant qu'il fallait fixer l'attention pour rester en vue, et qu'il fallait tenter pour cela des choses extraordinaires, parce que les hommes savent gré de les étonner. C'est en vertu de cette opinion que j'ai imaginé l'expédition d'Egypte. On a voulu l'attribuer à de profondes combinaisons de ma part; je n'en avais pas d'autres que celle de ne pas rester oisif, après la paix que je venais de conclure.

Cette expédition devait donner une grande idée de la puissance de la France : elle devait attirer l'attention sur son chef; elle devait surprendre l'Europe par sa hardiesse. C'étaient plus de motifs qu'il n'en fallait pour la tenter; mais je n'avais pas alors la moindre envie de détrôner le grand-turc, ni même de me faire pacha.

Je préparais le départ dans un profond secret. Il était nécessaire au succès, et il ajoutait au caractère singulier de l'expédition.

La flotte mit à la voile. J'étais obligé de détruire, en passant, cette gentilhomière de Malte, parce qu'elle ne servait qu'aux Anglais. Je craignais que quelque vieux levain de gloire ne portât ces chevaliers à se défendre et à me retarder : ils se rendirent, par bonheur, plus honteusement que je ne m'en étais flatté (8).

La bataille d'Aboukir détruisit la flotte, et livra la mer aux Anglais. Je compris, dès ce moment, que l'expédition ne pouvait se terminer que par une catastrophe : car toute armée qui ne se recrute pas, finit toujours par capituler un peu plus tôt ou un peu plus tard.

Il fallait en attendant rester en Égypte, puisqu'il n'y avait pas moyen d'en sortir. Je me décidai à faire bonne mine à mauvais jeu. J'y réussis assez bien.

J'avais une belle armée ; il fallait l'occuper, et j'achevais la conquête de l'Égypte, pour employer son temps à quelque chose. J'ai livré

---

(8) Malte n'aurait pu tenir contre un bombardement de 24 heures. Cette place avait d'immenses moyens physiques de résistance, mais était dépourvue de moyens moraux.   (N.)

par-là aux sciences le plus beau champ qu'elles aient jamais exploité.

Nos soldats étaient un peu surpris de se trouver dans l'héritage de Sésostris ; mais ils prirent bien la chose , et il était si étrange de voir un Français au milieu de ces ruines , qu'ils s'en amusaient eux-mêmes.

N'ayant plus rien à faire en Égypte , il me parut curieux d'aller en Palestine , et d'en tenter la conquête. Cette expédition avait quelque chose de fabuleux. Je m'y laissai sé- duire. Je fus mal informé des obstacles qu'on m'opposerait , et je ne pris pas assez de trou- pes avec moi.

Parvenu au-delà du désert, j'appris qu'on avait rassemblé des forces à St.-Jean-d'Acre. Je ne pouvais pas les mépriser; il fallut y mar- cher. La place était défendue par un ingénieur français; je m'en aperçus à sa résistance : il fallut lever le siége : la retraite fut pénible. Je luttai pour la première fois contre les élémens ; mais nous n'en fûmes pas vaincus.

De retour en Égypte, je reçus des jour- naux par la voie de Tunis (9). Ils m'appri-

(9) Après la bataille d'Aboukir, le 3 août 1799, sir Sydney Smith envoya à Alexandrie les journaux au-

rent l'état déplorable de la France , l'avilisse-
ment du Directoire, et le succès de la coalition.
Je crus pouvoir servir mon pays une seconde
fois. Aucun motif ne me retenait en Égypte :
c'était une entreprise épuisée. Tout général
était bon pour signer une capitulation que le
temps rendrait inévitable , et je partis sans
autre dessein que celui de reparaître à la tête
des armées pour y ramener la victoire (10).

---

glais des mois d'avril et de mai , faisant mention des
désastres des armées du Rhin et d'Italie, au commencement de la campagne de 1799.　　　　(N.)

(10) Napoléon retourna en France, 1° parce qu'il y
était autorisé par ses instructions ; 2° parce que sa
présence était nécessaire à la république ; 3° parce que
l'armée de l'Orient , nombreuse et victorieuse , n'avait
plus d'ennemis devant elle, et que le premier objet de
l'expédition avait été rempli. Le second ne pouvait l'ê-
tre, tant que la république serait battue sur les frontières, et déchirée par l'anarchie dans l'intérieur. L'armée de l'Orient était victorieuse des armées de Syrie
commandées par Djezzar Pacha , qui avaient été presque détruites successivement aux batailles d'El-Arish,
de Gaza, de Jaffa et à Acre. A celle du Mont-Tabor,
5o à 6o mille hommes de troupes ottomanes avaient été
tués , faits prisonniers, ou mis en fuite ; on s'était em-
paré de leur parc d'artillerie , de quarante pièces de
campagne, et de tous leurs magasins, et l'on avait pris

Débarqué à Fréjus, ma présence excita
l'enthousiasme du peuple. Ma gloire militaire
rassurait tous ceux qui avaient peur d'être
battus. C'était une affluence sur mon passage :
mon voyage eut l'air d'un triomphe, et je

---

leur général en chef Abdalla. L'armée française rem-
porta une semblable victoire sur l'armée de Rhode,
qui fut anéantie, partie à Saint-Jean-d'Acre, et partie
à Aboukir, où 40 mille hommes furent tués, faits prisonniers ou mis en fuite; où l'on s'empara de leur parc
d'artillerie, consistant en 32 pièces de canon, et où
l'on prit le visir turc, Mustapha Pacha, qui les commandait. L'armée française était nombreuse, puisqu'elle comptait plus de 25,000 combattans, dont
3,500 étaient des troupes de cavalerie, et qu'elle avait
une force considérable en artillerie de siége et de campagne. Des libellistes ont dit que Napoléon s'était en-
fui, et avait abandonné son armée, parce qu'elle était
désorganisée, qu'elle n'avait plus ni artillerie, ni objets
d'équipemens, et qu'elle était réduite à 8000 hommes.
Ces faux rapports influèrent tellement sur le cabinet
britannique, qu'il refusa de ratifier la convention
d'El-Arish. Le 20 mars 1800, le grand-visir fut battu à
Héliopolis, neuf mois après le départ de Napoléon; et
vingt-un mois après, 19 à 20,000 hommes de troupes
anglaises débarquèrent à Aboukir; 6,000 autres arrivèrent de l'Inde à Suez, et 20,000 Turcs vinrent sous
les ordres du grand-visir et du capitan pacha. Ces 45
mille hommes furent obligés de faire une campagne de

compris en arrivant à Paris que je pouvais tout en France.

La faiblesse du gouvernement l'avait mise à deux doigts de sa perte : j'y trouvai l'anarchie. Tout le monde voulait sauver la patrie , et

---

six mois , et de livrer plusieurs batailles. Cette expédition coûta la vie à environ 10 mille hommes des meilleures troupes de l'Angleterre , lui occasiona une dépense de plusieurs millions sterling, et aurait échoué , sans l'incapacité de Menou, qui avait succédé au commandement, par droit d'ancienneté , après l'assassinat de Kléber. Tel fut le résultat pour l'Angleterre de la confiance qu'elle accorda à des libellistes. En octobre 1801 , près de trois ans après le départ de Napoléon , l'armée d'Orient débarqua à Marseille et à Toulon , au nombre de 24 mille hommes , dont 23 mille étaient en état de porter les armes. Dans l'origine , lors de son départ de Toulon, en 1798 , elle était composée de 32 mille hommes ; 4 mille furent laissés à Malte ; mais en leur place, 2 mille hommes de troupes maltaises furent incorporés dans l'armée française , qui était forte de 30 mille hommes à son arrivée en Égypte. Elle y fut renforcée de 3 mille hommes , reste des équipages de la flotte française; ce qui en porta le nombre à 33 mille, composés de Français , d'Italiens , de Polonais et de Maltais, parmi lesquels il se trouvait 24 mille véritables Français. La perte essuyée ne fut donc que d'environ 9 mille hommes, d'où il faut en déduire environ 2 mille qui revinrent individuellement ou par convois de bles-

proposait des plans en conséquence. On venait m'en faire confidence ; j'étais le pivôt des conspirations ; mais il n'y avait pas un homme à la tête de tous ces projets qui fût capable de les mener. Ils comptaient tous sur moi, parce qu'il leur fallait une épée. Je ne comptais sur personne, et je fus maître de choisir le plan qui me convenait le mieux.

La fortune me portait à la tête de l'État. J'allais me trouver maître de la révolution, car je ne voulais pas en être le chef : le rôle ne me convenait pas. J'étais donc appelé à préparer le sort à venir de la France, et peut-être celui du monde.

---

sés ; ce qui réduit la différence à 7 mille. Dans ce dernier nombre, on comprend toutes les pertes que les maladies firent éprouver pendant quatre ans, et celles qu'on essuya à l'assaut d'Alexandrie, aux batailles de Chebreiss et des Pyramides, aux actions de Salhieh, pendant les campagnes de Syrie, et pendant celles de Desaix dans la Haute-Égypte ; ensuite sous le commandement de Kléber, aux actions de Damiette, à la bataille d'Héliopolis, au siége du Caire ; enfin sous Menou, dans les actions du mois de mars 1801, contre les Anglais, et jusqu'à la reddition. On sait parfaitement que Napoléon, en quittant l'Égypte, croyait fermement qu'elle appartenait pour toujours à la France, et espérait pouvoir réaliser le second objet de l'expédition. (N.)

Mais il fallait auparavant faire la guerre, faire la paix, assoupir les factions ; fonder mon autorité. Il fallait rémuer cette grosse machine qu'on appelle le gouvernement. Je connaissais le poids de ces résistances, et j'aurais préféré alors le simple métier de la guerre ; car j'aimais l'autorité du quartier-général, et l'émotion du champ de bataille. Je me sentais enfin, dans ce moment, plus de dispositions pour relever l'ascendant militaire de la France, que pour la gouverner.

Mais je n'avais pas de choix dans ma destination. Car il m'était facile de voir que le règne du Directoire touchait à sa fin ; qu'il fallait mettre à sa place une autorité imposante pour sauver l'État ; qu'il n'y a de vraiment imposant que la gloire militaire. Le Directoire ne pouvait donc être remplacé que par moi ou par l'anarchie. Ce choix de la France n'était pas douteux ; l'opinion publique éclairait à cet égard la mienne.

Je proposai de remplacer le Directoire par un consulat ; tellement j'étais éloigné alors de concevoir l'idée d'un pouvoir souverain. Les républicains proposèrent d'élire deux consuls : j'en demandai trois, parce que je ne voulais pas être appareillé. Le premier rang m'appar-

tenait de droit dans cette trinité : c'était tout
ce que je voulais.

Les républicains se défièrent de ma propo-
sition. Ils entrevirent un élément de dictature
dans ce triumvirat. Ils se liguèrent contre moi.
La présence même de Sieyes ne pouvait les
rassurer. Il s'était chargé de faire une constitution ; mais les jacobins redoutaient plus mon
épée qu'ils ne se fiaient à la plume de leur
vieux abbé.

Tous les partis se rangèrent alors sous deux
bannières : d'un côté se trouvaient les républicains qui s'opposaient à mon élévation : de
l'autre était toute la France qui la demandait.
Elle était donc inévitable à cette époque ,
parce que la majorité finit toujours par l'em-
porter. Les premiers avaient établi leur quartier-général dans le Conseil des Cinq-Cents :
ils firent une belle défense ; il fallut gagner
la bataille de St.-Cloud pour achever cette révolution. J'avais cru un moment qu'elle se fe-
rait par acclamation.

Le vœu public venait de me donner la première place de l'État : la résistance qu'on avait
opposée ne m'inquiétait pas , parce qu'elle ne
venait que de gens flétris par l'opinion. Les
royalistes n'avaient pas paru : ils avaient été

pris sur le temps. La masse de la nation avait confiance en moi, car elle savait bien que la révolution ne pouvait pas avoir de meilleure garantie que la mienne. Je n'avais de force qu'en me plaçant à la tête des intérêts qu'elle avait créés, puisqu'en la faisant rétrograder je me serais retrouvé sur le terrain des Bourbons.

Il fallait que tout fût neuf dans la nature de mon pouvoir, afin que toutes les ambitions y trouvassent de quoi vivre. Mais il n'y avait rien de défini dans sa nature, et c'était son défaut.

Je n'étais, par la constitution, que le premier magistrat de la république; mais j'avais une épée pour bâton de commandement. Il y avait incompatibilité entre mes droits constitutionnels et l'ascendant que je tenais de mon caractère et de mes actions. Le public le sentait comme moi; la chose ne pouvait pas durer ainsi, et chacun prenait ses mesures en conséquence.

Je trouvais des courtisans plus que je n'en avais besoin. On faisait queue. Aussi n'étais-je nullement en peine du chemin que faisait mon autorité, mais je l'étais beaucoup de la situation matérielle de la France.

Nous nous étions laissé battre : les Autrichiens avaient reconquis l'Italie, et détruit
mon ouvrage. Nous n'avions plus d'armée pour
reprendre l'offensive. Il n'y avait pas un sou
dans les caisses, et aucun moyen de les remplir. La conscription ne s'exécutait que sous
le bon plaisir des maires. Sieyes nous avait fait
une constitution paresseuse et bavarde qui en-
travait tout. Tout ce qui constitue la force d'un
État était anéanti : il ne subsistait que ce qui
fait sa faiblesse.

Forcé par ma position, je crus devoir
demander la paix : je le pouvais alors de
bonne foi, parce qu'elle était une fortune
pour moi. Plus tard elle n'eût été qu'une igno-
minie.

M. Pitt la refusa, et jamais homme d'État
n'a fait une plus lourde faute; car ce moment
a été le seul où les alliés auraient pu la conclure avec sécurité : car la France, en deman-
dant la paix, se reconnaissait vaincue; et les
peuples se relèvent de tous les revers, si ce
n'est de consentir à leur opprobre.

M. Pitt la refusa. Il m'a sauvé une grande
faute, et il a étendu l'empire de la révolution
sur toute l'Europe, empire que ma chute n'est
pas même parvenue à détruire. Il l'aurait borné

à la France, s'il avait voulu alors la laisser à
elle-même.

Il me fallut donc faire la guerre. Masséna
se défendait dans Gênes ; mais les armées de
la république n'osaient plus repasser ni le Rhin
ni les Alpes. Il fallait donc rentrer en Italie
et en Allemagne, pour dicter une seconde
fois la paix à l'Autriche. Tel était mon plan ;
mais je n'avais ni soldats, ni canons, ni fusils.

J'appelai les conscrits ; je fis forger des
armes; je réveillai le sentiment de l'honneur
national, qui n'est jamais qu'assoupi chez les
Français. Je ramassai une armée. La moitié
ne portaient que des habits de paysans. L'Europe riait de mes soldats : elle a payé chè-
rement ce moment de plaisir.

On ne pouvait cependant entreprendre ou-
vertement une campagne avec une telle armée. Il fallait au moins étonner l'ennemi, et
profiter de sa surprise. Le général Suchet l'at-
tirait vers les gorges de Nice. Masséna pro-
longeait jour à jour la défense de Gênes. Je
pars : je m'avance vers les Alpes : ma présence, la grandeur de l'entreprise, ranimèrent
les soldats. Ils n'avaient pas de souliers, mais ils
semblaient tous marcher à l'avant-garde.

Dans aucun temps de ma vie je n'ai éprouvé

de sentiment pareil à celui que je sentis en pénétrant dans les gorges des Alpes. Les échos retentissaient des cris de l'armée. Ils m'annonçaient une victoire incertaine , mais probable. J'allais revoir l'Italie, théâtre de mes premières armes. Mes canons gravissaient lentement ces rochers. Mes premiers grenadiers atteignirent enfin la cîme du Saint-Bernard. Ils jetèrent en l'air leurs chapeaux garnis de plumets rouges, en jetant des cris de joie. Les Alpes étaient franchies , et nous débordâmes comme un torrent.

Le général Lannes commandait l'avant-garde. Il courut prendre Ivrée , Verceil , Pavie , et s'assura du passage du Pô. Toute l'armée le passa sans obstacles.

Nous étions tous jeunes dans ce temps, soldats et généraux. Nous avions notre fortune à faire (11). Nous comptions les fatigues pour

---

(11) Au moment du passage du mont Saint-Bernard , en mai et juin 1800, Napoléon avait livré vingt batailles rangées , et dans toutes il avait été victorieux. Il avait conquis l'Italie ; dicté la paix à l'Autriche, à vingt lieues de Vienne ; négocié à Rastadt, avec le comte Cobentzel , la reddition de la ville forte de Mayence ; et levé près de trois cents millions de contributions, qui avaient servi à nourrir l'armée , à l'habiller, et à lui fournir tout ce qui lui était nécessaire

rien , les dangers pour moins encore. Nous
étions insouciaus sur tout , si ce n'est sur la
gloire , qui ne s'obtient que sur les champs
de bataille.

. Au bruit de mon arrivée , les Autrichiens
manœuvrèrent sur Alexandrie. Accumulés
dans cette place , au moment où je parus devant les murs , leurs colonnes vinrent se dé-
ployer en avant de la Bormida. Je les fis attaquer. Leur artillerie était supérieure à la
mienne. Elle ébranla nos jeunes bataillons.

---

pendant deux ans; à créer l'armée cisalpine; à payer
celle du Rhin, l'escadre de Toulon à Brest, et même
quelques places du gouvernement de Paris. Il avait en-
voyé à Paris trois cents chefs-d'œuvre de sculpture et de
peinture antiques, et d'autres chefs-d'œuvre du règne
des Médicis. Il avait conquis l'Égypte, et y avait établi
la puissance française sur une base solide, après avoir
surmonté ce qui, d'après Volney, était la plus grande
difficulté, celle de concilier les préceptes du Coran et
de la religion musulmane, avec la présence d'une armée étrangère. Pendant six mois il avait été à la tête
de la république par le choix de trois millions de ci-
toyens; il en avait rétabli les finances, il y avait calmé
les factions, éteint la guerre de la Vendée, et modéré
les fureurs de celle des départemens de l'Ouest. Après
tant de hauts-faits, comment est-il possible de dire
qu'il avait encore sa fortune à faire?   (N.)

Ils perdirent du terrain. La ligne n'était con-
servée que par deux bataillons de la garde, et
par la quarante-cinquième. Mais j'attendais des
corps qui marchaient en échelons. La division de Dessaix arrive : toute la ligne se
rallie. Dessaix forme sa colonne d'attaque, et
enlève le village de Marengo, où s'appuyait
le centre de l'ennemi. Ce grand général fut
tué au moment où il décidait une immortelle
victoire.

L'ennemi se jeta sous les remparts d'A-
lexandrie. Les ponts étaient trop étroits pour
le recevoir ; une bagarre affreuse s'y passa ;
nous prenions des masses d'artillerie et des
bataillons entiers. Refoulés au-delà du Ta-
naro, sans communications, sans retraite,
menacés sur leurs derrières par Masséna et par
Suchet, n'ayant en front qu'une armée victorieuse, les Autrichiens reçurent la loi. Mélas
implora une capitulation. Elle fut inouie dans
les fastes de la guerre. L'Italie entière me fut
restituée, et l'armée vaincue vint déposer ses
armes aux pieds de nos conscrits.

Ce jour a été le plus beau de ma vie : car il
a été un des plus beaux pour la France. Tout
était changé pour elle ; elle allait jouir d'une
paix qu'elle avait conquise. Elle s'endormait

comme un lion. Elle allait être heureuse, parce qu'elle était grande.

Les factions semblaient se taire (12) ; tant d'éclat les étouffait. La Vendée se pacifiait ; les jacobins étaient forcés de me remercier de ma victoire ; car elle était à leur profit. Je n'avais plus de rivaux.

Le danger commun et l'enthousiasme public avaient allié momentanément les partis. La sécurité les divisa. Partout où il n'y a pas un centre de pouvoir incontestable, il se trouve des hommes qui espèrent l'attirer à eux. C'est ce qui arriva au mien. Mon autorité n'était qu'une magistrature temporaire ; elle n'était donc pas inébranlable. Les gens qui avaient de la vanité et se croyaient du talent, commencèrent une campagne contre moi. Ils choisirent le Tribunat pour leur place d'armes. Là ils se mirent à m'attaquer sous le nom de pouvoir exécutif.

Si j'avais cédé à leurs déclamations , c'en était fait de l'État. Il avait trop d'ennemis pour

---

(12) Il est notoire que depuis la bataille de Marengo, jusqu'à l'époque de la machine infernale, c'est-à-dire pendant les six derniers mois de 1800 , les factions furent plus actives que jamais. (N.)

diviser ses forces, et perdre son temps en paroles. On venait d'en faire une rude épreuve, mais elle n'avait pas suffi pour faire taire cette espèce d'hommes qui préfèrent les intérêts de leur vanité à ceux de leur patrie. Ils s'amusèrent, pour faire leur popularité, à refuser les impôts, à décrier le gouvernement, à entraver sa marche, ainsi que le recrutement des troupes.

Avec ces manières-là, nous aurions été en quinze jours la proie de l'ennemi. Nous n'étions pas encore de force à le hasarder. Mon pouvoir était trop neuf pour être invulnérable. Le consulat allait finir comme le directoire, si je n'avais pas détruit cette opposition par un coup d'État. Je renvoyai les tribuns factieux. On appela cela éliminer ; le mot fit fortune.

Ce petit événement qu'on a sûrement oublié aujourd'hui, changea la constitution de la France, parce qu'il me fit rompre avec la république : car il n'y en avait plus, du moment que la représentation nationale n'était plus sacrée.

Ce changement était forcé, dans la situation où se trouvait la France vis-à-vis de l'Europe et d'elle-même. La révolution avait des ennemis trop acharnés au-dedans et au-dehors,

pour qu'elle ne fût pas forcée d'adopter une
forme dictatoriale, comme toutes les républiques dans les momens de danger. Les autorités à contre-poids ne sont bonnes qu'en temps
de paix. Il fallait renforcer au contraire celle
qu'on m'avait confiée, chaque fois qu'elle avait
couru un danger, afin de prévenir les re-
chutes.

J'aurais peut-être mieux fait d'obtenir franchement cette dictature, puisqu'on m'accusait
d'y aspirer. Chacun aurait jugé de ce qu'on
appelait mon ambition : cela aurait, je crois,
mieux valu ; car les monstres sont plus gros
de loin que de près. La dictature aurait eu
l'avantage de ne rien présager pour l'avenir ;
de laisser les opinions dans leur entier, et
d'intimider l'ennemi, en lui montrant la résolution de la France.

Mais je m'apercevais que cette autorité
venait d'elle-même se placer dans mes mains.
Je n'avais donc pas besoin de la recevoir offi-
ciellement. Elle s'exerçait de fait, sinon de
droit. Elle suffisait pour passer la crise, et
sauver la France et la révolution.

Ma tâche était donc de terminer cette révolution, en lui donnant un caractère légal,
afin qu'elle pût être reconnue et légitimée par

le droit public de l'Europe. Toutes les révolutions ont passé par les mêmes combats. La nôtre ne pouvait pas en être exempte ; mais elle devait, à son tour, prendre son droit de bourgeoisie.

Je savais qu'avant de le proposer, il fallait en arrêter les principes, en consolider la législation, et en détruire les excès. Je me crus assez fort pour y réussir, et je ne me trompai pas.

Le principe de la révolution était l'extinction des castes ; c'est-à-dire l'égalité : je l'ai respecté. La législation devait en régler les principes. J'ai fait des lois dans cet esprit. Les excès se montraient dans l'existence des factions. Je n'en ai tenu compte, et elles ont disparu. Ils se montraient dans la destruction du culte ; je l'ai rétabli. Dans l'existence des émigrés ; je les ai rappelés. Dans le désordre général de l'administration ; je l'ai réglée. Dans la ruine des finances ; je les ai restaurées. Dans l'absence d'une autorité capable de contenir la France ; je lui ai donné cette autorité, en prenant les rênes de l'État.

Peu d'hommes ont fait autant de choses que j'en ai fait alors, en aussi peu de temps. L'histoire dira un jour ce qu'était la France à

mon avénement, et ce qu'elle était quand elle
a donné la loi à l'Europe.

Je n'ai pas eu besoin d'employer un pouvoir
arbitraire, pour accomplir ces immenses travaux. On ne m'en aurait peut-être pas refusé
l'exercice ; mais je n'en aurais pas voulu,
parce que j'ai toujours détesté l'arbitraire en
tout. J'aimais l'ordre et les lois. J'en ai fait
beaucoup : je les ai faites sévères et précises ;
mais justes, parce qu'une loi qui ne connaît
point d'exception est toujours juste. Je les ai
fait observer rigoureusement, parce que c'est
le devoir du trône ; mais je les ai respectées.
Elles me survivront : c'est la récompense de
mes travaux.

Tout semblait marcher à souhait. L'État se
recréait ; l'ordre s'y rétablissait. Je m'en
occupais avec ardeur : mais je sentais qu'il
manquait une chose à tout ce système ; c'était
du définitif.

Quel que fût mon désir de faire à la révolution un établissement stable, je voyais
clairement que je ne pourrais y parvenir qu'a-
près avoir vaincu de grandes résistances : car il y
avait antipathie nécessaire entre les anciens et
les nouveaux régimes. Ils formaient deux
masses dont les intérêts étaient précisément en

sens inverse. Tous les gouvernemens qui
subsistaient encore en vertu de l'ancien droit
public, se voyaient exposés par les principes
de la révolution ; et celle-ci n'avait de garantie qu'en traitant avec l'ennemi, ou qu'en
l'écrasant s'il refusait de la reconnaître.

Cette lutte devait décider en dernier ressort
du renouvellement de l'ordre social de l'Europe.
J'étais à la tête de la grande faction qui voulait
anéantir le système sur lequel roulait le monde depuis la chute des Romains. Comme tel,
j'étais en butte à la haine de tout ce qui avait
intérêt à conserver cette rouille gothique. Un
caractère moins entier que le mien aurait pu
louvoyer, pour laisser une partie de cette
question à décider au temps.

Mais dès que j'eus vu le fond du cœur de
ces deux factions ; dès que j'eus vu qu'elles
partageaient le monde, comme au temps de
la réformation, je compris que tout pacte
était impossible entre elles, parce que leurs
intérêts se froissaient trop. Je compris que
plus on abrégerait la crise, mieux les peuples
s'en trouveraient. Il fallait avoir pour nous la
moitié plus un de l'Europe, afin que la balance penchât de notre côté. Je ne pouvais dispo-
ser de ce poids qu'en vertu de la loi du plus

fort, parce que c'est la seule qui ait cours entre les peuples. Il fallait donc que je fusse le plus fort de toute nécessité : car je n'étais pas seulement chargé de gouverner la France, mais de lui soumettre le monde ; sans quoi le monde l'aurait anéantie.

Je n'ai jamais eu de choix dans les partis que j'ai pris : ils ont toujours été commandés par les événemens ; parce que le danger était toujours éminent, et le 31 mars a prouvé à quel point il était à redouter, et s'il était facile de faire vivre en paix les vieux et les nouveaux régimes.

Il m'était donc aisé de prévoir que tant qu'il y aurait parité de forces entre ces deux systèmes, il y aurait entre eux guerre ouverte ou secrète. Les paix qu'ils signeraient ne pourraient être que des haltes pour respirer. Il fallait donc que la France, comme le chef-lieu de la révolution, se tînt en mesure de résister à la tempête. Il fallait donc qu'il y eût unité dans le gouvernement, pour qu'il pût être fort ; union dans la nation, pour que tous ses moyens tendissent au même but ; et confiance dans le peuple, pour qu'il consentît aux sacrifices nécessaires pour assurer sa conquête.

Or , tout était précaire dans le système du consulat, parce que rien n'y était à sa véritable place. Il y existait une république de nom , une souveraineté de fait , une représentation nationale faible , un pouvoir exécutif fort , des autorités soumises , et une armée prépondérante.

Rien ne marche dans un système politique où les mots jurent avec les choses. Le gouvernement se décrie par le mensonge perpétuel dont il fait usage. Il tombe dans le mépris qu'inspire tout ce qui est faux , parce que ce qui est faux est faible. On ne peut plus d'ailleurs ruser en politique : les peuples en savent trop long : les gazettes en disent trop. Il n'y a plus qu'un secret pour mener le monde , c'est d'être fort ; parce qu'il n'y a dans la force ni erreur , ni illusion. C'est le vrai mis à nu.

Je sentais la faiblesse de ma position , le ridicule de mon consultat. Il fallait établir quelque chose de solide , pour servir de point d'appui à la révolution. Je fus nommé consul à vie. C'était une suzeraineté viagère ; insuffisante en elle-même , puisqu'elle plaçait une date dans l'avenir , et que rien ne gâte la confiance comme la prévoyance d'un change-

ment. Mais elle était passable pour le moment
où elle fut établie.

Dans l'intervalle que m'avait laissé la trève
d'Amiens, j'avais hasardé une expédition im-
prudente, qu'on m'a reprochée, et avec raison :
elle ne valait rien en soi.

J'avais essayé de reprendre Saint-Domingue. J'avais de bons motifs pour le tenter. Les
alliés haïssaient trop la France pour qu'elle osât
rester dans l'inaction pendant la paix. Il fallait
qu'elle fût toujours redoutable. Il fallait donner une pâture à la curiosité des oisifs. Il fallait tenir constamment l'armée en mouvement
pour l'empêcher de s'endormir. Enfin, j'étais
bien aise d'essayer les marins.

Du reste, l'expédition a été mal conduite.
Partout où je n'ai pas été, les choses ont toujours été mal. Cela revenait d'ailleurs assez au
même : car il était facile de voir que le ministère anglais allait rompre la trève ; et si nous
avions reconquis Saint-Domingue, ce n'aurait
été que pour eux.

Chaque jour augmentait ma sécurité, lorsque l'événement du 3 nivose m'apprit que j'é-
tais sur un volcan. Cette conspiration fut im-
prévue : c'est la seule que la police n'ait pas

déjouée d'avance. Elle n'avait pas de confidens ;
c'est pourquoi elle a réussi.

J'échappai par un miracle. L'intérêt qu'on
me témoigna me dédommagea amplement. On
avait mal choisi le moment pour conspirer.
Rien n'était prêt en France pour les Bourbons.

On chercha les coupables. Je le dis avec
vérité ; je n'en accusai que les Brutus du coin.
En fait de crimes, on était toujours disposé à
leur en faire honneur. Je fus très-étonné lorsque la suite des enquêtes vint à prouver que
c'était aux royalistes que les gens de la rue
Saint-Nicaise avaient l'obligation d'être sautés
en l'air.

Je croyais les royalistes honnêtes gens, parce
qu'ils nous accusaient de ne pas l'être. Je les
croyais, surtout, très-incapables de l'audace et
de la scélératesse que suppose un tel projet :
au reste, il n'appartenait qu'à un petit nombre
de voleurs de diligences, espèce qui était prô-
née, mais peu considérée dans le parti.

Les royalistes, tout-à-fait oubliés depuis la
pacification de la Vendée, reparaissaient ainsi
sur l'horizon politique. C'était une conséquence
naturelle de l'accroissement de mon autorité.
Je refaisais la royauté. C'était chasser sur leurs
terres.

Ils ne se doutaient pas que ma monarchie
n'avait point de rapport à la leur. La mienne
était toute dans les faits; la leur, toute dans
les droits. La leur n'était fondée que sur des
habitudes; la mienne s'en passait; elle marchait en ligne avec le génie du siècle. La leur
tirait à la corde pour le retenir.

Les républicains s'effrayaient de la hauteur
où me portaient les circonstances : ils se défiaient de l'usage que j'allais faire de ce pouvoir. Ils redoutaient que je ne remontasse une
vieille royauté à l'aide de mon armée. Les royalistes fomentaient ce bruit, et se plaisaient à
me présenter comme un singe des anciens mo-
narques : d'autres royalistes, plus adroits, ré-
pandaient sourdement que je m'étais enthou-
siasmé du rôle de Monck, et que je ne prenais
la peine de restaurer le pouvoir que pour en
faire hommage aux Bourbons, lorsqu'il serait
en état de leur être offert.

Les têtes médiocres, qui ne mesuraient pas
ma force, ajoutaient foi à ces bruits. Ils accré-
ditaient le parti royaliste, et me décriaient
dans le peuple et dans l'armée; car ils commençaient à douter de mon attachement à leur
cause. Je ne pouvais pas laisser courir une telle
opinion, parce qu'elle tendait à nous désunir.

Il fallait à tout prix détromper la France, les royalistes et l'Europe, afin qu'ils sussent tous à quoi s'en tenir avec moi. Une persécution de détail contre des propos ne produit jamais qu'un mauvais effet, parce qu'elle n'attaque pas le mal à sa racine. D'ailleurs ce moyen est devenu impossible, dans ce siècle de sollicitation, où l'exil d'une femme remua toute la France.

Il s'offrit malheureusement à moi, dans ce moment décisif, un de ces coups du hasard qui détruisent les meilleures résolutions (13). La police découvrit de petites menées royalistes, dont le foyer était au-delà du Rhin. Une tête auguste s'y trouvait impliquée. Toutes les circonstances de cet événement cadraient d'une manière incroyable avec celles qui me portaient à tenter un coup d'État. La perte du duc d'Enghien décidait la question qui agitait la France. Elle décidait de moi sans retour. Je l'ordonnai.

Un homme de beaucoup d'esprit, et qui

---

(13) Le duc d'Enghien périt, parce qu'il était un des principaux acteurs dans la conspiration de Georges, de Pichegru, et de Moreau. Pichegru fut arrêté le 28 février, Georges le 9 mars, et le duc d'Enghien le 18 du même mois 1804.   (N.)

doit s'y connaître, a dit de cet attentat que c'était plus qu'un crime, que c'était une faute. N'en déplaise à ce personnage, c'était un crime, et ce n'était pas une faute. Je sais fort bien la valeur des mots. Le délit de ce malheureux prince se bornait à de misérables intrigues avec quelques vieilles baronnes de Strasbourg. Il jouait son jeu. Ces intrigues étaient surveillées : elles ne menaçaient ni la sûreté de la France ni la mienne. Il a péri victime de la politique, et d'un concours inouï de circonstances.

Sa mort n'était pas une faute, car toutes les conséquences que j'avais prévues sont arrivées.

La guerre avait recommencé avec l'Angleterre, parce qu'il ne lui est plus possible de rester long-temps en paix. Le territoire de l'Angleterre est devenu trop petit pour sa population; il lui faut pour vivre le monopole des quatre parties du monde. La guerre procure seule ce monopole aux Anglais, parce qu'elle lui vaut le droit de détruire sur mer. C'est sa sauve-garde.

Cette guerre était paresseuse, faute de terrain pour se battre : l'Angleterre était obligée d'en louer sur le Continent; mais il fallait donner le temps à la moisson de croître. L'Au-

triche avait reçu de si rudes leçons, que les
ministres n'osaient proposer la guerre de si tôt,
quelqu'envie qu'ils eussent de gagner leur argent. La Prusse s'engraissait de sa neutralité;
la Russie avait fait en Suisse une fatale expérience de la guerre. L'Italie et l'Espagne étaient
entrées, à peu de chose près, dans mon système. Le Continent faisait halte.

Faute de mieux, je mis en avant un projet
de descente en Angleterre. Je n'ai jamais pensé
à le réaliser; car il aurait échoué : non que le
matériel du débarquement ne fût possible,
mais la retraite ne l'était pas. Il n'y a pas un
Anglais qui ne se fût armé pour sauver l'honneur de son pays, et l'armée française, laissée
sans secours à leur merci, aurait fini par périr
ou par capituler. J'avais pu faire cet essai en
Égypte ; mais à Londres, c'était jouer trop
gros jeu.

Comme la menace ne me coûtait rien,
puisque je ne savais que faire de mes troupes,
il valait autant les tenir en garnison sur les
côtes, qu'ailleurs. Ce seul appareil a obligé
l'Angleterre à se mettre sur un pied de défense
ruineux. C'était autant de gagné.

En revanche on organisa une conspiration
contre moi. Je peux faire honneur de celle-ci

aux princes émigrés; car elle était vraiment royale. On avait mis en mouvement une armée de conspirateurs. Aussi nous en fûmes informés dans les vingt-quatre heures, tant les confidences allaient bon train.

Comme je voulais cependant faire punir des hommes qui ne cherchaient qu'à renverser l'État (ce qui est contre les lois divines et humaines), je fus obligé d'attendre, pour les faire arrêter, qu'on eût rassemblé contre eux des preuves irrécusables.

Pichegru était à la tête de cette machination : cet homme, qui avait plus de bravoure que de talent, avait voulu jouer le rôle de Monck; il allait à sa taille.

Ces projets m'inquiétaient peu, parce que je connaissais leurs portées, et que l'opinion publique ne les favorisait pas. Les royalistes m'auraient assassiné, qu'ils n'en auraient pas été plus avancés. Chaque chose a son temps.

J'appris bientôt que Moreau trempait dans cette affaire. Ceci devenait plus délicat, parce qu'il avait une popularité colossale. Il était clair qu'on devait le gagner. Il avait trop de réputation, pour que nous fussions bons voisins. Je ne pouvais pas être tout et lui rien.

4

Il fallait trouver une manière honnête de nous séparer. Il la trouva.

On a beaucoup dit que j'étais jaloux de lui : je l'étais fort peu ; mais il l'était beaucoup de moi , et il y avait de quoi. Je l'estimais parce que c'était un bon militaire. Il avait pour amis tous ceux qui ne m'aimaient pas, c'est-à-dire, beaucoup de gens. Ils en auraient fait un héros, s'il avait péri. Je n'en voulais faire que ce qu'il était : c'est-à-dire un homme nul. J'ai réussi ; l'absence l'a perdu , ses amis l'ont oublié , et on n'y a plus songé.

Les autres coupables exigeaient moins de ménagemens. C'étaient tous les vieux habitués de conspiration dont il fallait purger pour tout-à-fait la France. Nous y avons réussi, car il n'en a plus reparu dès-lors.

Je fus accablé de sollicitations. Toutes les femmes et les enfans de Paris étaient en l'air. On demandait la grâce de tout le monde. J'eus la faiblesse d'envoyer quelques coupables dans des prisons d'État, au lieu d'en laisser faire justice.

Je me reproche même aujourd'hui cette espèce d'indulgence, parce qu'elle n'est, dans un souverain , qu'une faiblesse coupable. Il n'a qu'un seul devoir à remplir vis-à-vis de l'État,

celui d'y faire observer les lois. Toute tran-
saction avec le crime devient un crime de la
part du trône. Le droit de grâce ne doit jamais
s'exercer envers les coupables. Il faut le réser-
ver pour les cas malheureux que la conscience
absout, quand la loi les condamne.

Pichegru fut trouvé étranglé dans son lit.
On ne manqua pas de dire que c'était par mes
ordres. Je fus totalement étranger à cet événement. Je ne sais pas même pourquoi j'aurais
soustrait ce criminel à son jugement. Il ne valait pas mieux que les autres, et j'avais un tri-
bunal pour le juger, et des soldats pour le fu-
siller. Je n'ai jamais rien fait d'inutile dans
ma vie.

Mon autorité s'accrut, parce qu'on l'avait
menacée. Il n'y avait rien de prêt en France
pour une contre-révolution. Elle ne voyait
dans les menées des royalistes qu'un moyen
de lui apporter l'anarchie et la guerre civile.
Elle voulait s'en préserver à tout prix, et se
rapprochait de moi, parce que je promettais
de l'en garantir. Elle voulait dormir à l'abri de
mon épée. Le vœu public, (l'histoire ne me
démentira pas,) le vœu public m'appelait à
régner sur la France.

La forme républicaine ne pouvait plus du-

rer, parce qu'on ne fait pas de républiques
avec de vieilles monarchies. Ce que voulait la
France, c'était sa grandeur. Pour en soutenir
l'édifice, il fallait anéantir les factions, consolider l'œuvre de la révolution, et fixer sans
retour les limites de l'État. Seul, je promettais à la France de remplir ces conditions. La
France voulait que je régnasse sur elle.

Je ne pouvais pas devenir roi. C'était un titre
usé. Il portait avec lui des idées reçues. Mon
titre devait être nouveau, comme la nature de
mon pouvoir. Je n'étais pas l'héritier des Bourbons. Il fallait être beaucoup plus pour s'asseoir sur leur trône. Je pris le nom d'empereur, parce qu'il était plus grand et moins
défini.

Jamais révolution ne fut aussi douce que
celle qui renversa cette république pour laquelle on avait répandu tant de sang. C'est
qu'on maintenait la chose; le mot seul était
changé. C'est pourquoi les républicains n'ont
pas redouté l'empire.

D'ailleurs les révolutions qui ne déplacent
pas les intérêts sont toujours douces.

La révolution était enfin terminée. Elle devenait inébranlable sous une dynastie permanente. La république n'avait satisfait que des

opinions; l'empire garantissait les intérêts avec les opinions.

Ces intérêts étaient ceux de l'immense majorité, parce qu'avant tout les institutions de l'empire garantissaient l'égalité. La démocratie y existait de fait et de droit. La liberté seule y avait été restreinte, parce qu'elle ne vaut rien pour les temps de crise. Mais la liberté n'est à l'usage que de la classe éclairée de la nation : l'égalité sert à tout le monde. C'est pourquoi mon pouvoir est resté populaire, même dans les revers qui ont écrasé la France.

Mon autorité ne reposait pas, comme dans les vieilles monarchies, sur un échafaudage de castes et de corps intermédiaires. Elle était immédiate, et n'avait d'appui que dans elle-même; car il n'y avait dans l'empire que la nation et moi. Mais dans cette nation tous étaient également appelés aux fonctions publiques. Le point de départ n'était un obstacle pour personne. Le mouvement ascendant était universel dans l'État. Ce mouvement a fait ma force.

Je n'ai pas inventé ce système : il est sorti des ruines de la Bastille. Il n'est que le résultat de la civilisation et des mœurs que le temps

a données à l'Europe. On essayera en vain de
le détruire ; il se maintiendra par la force des
choses , parce que le fait finit toujours par se
placer là où est la force. Or la force n'était plus
dans la noblesse , depuis qu'elle avait permis
au tiers-état de porter les armes , et qu'elle
n'avait plus voulu être la seule milice de
l'État.

La force n'était plus dans le clergé , depuis
que le monde était devenu protestant, en de-
venant raisonneur. La force n'était plus dans
les gouvernemens, précisément parce que la
noblesse et le clergé n'étaient plus en état de
remplir leurs fonctions , c'est-à-dire d'appuyer
le trône. La force n'était plus dans les routines
et les préjugés, depuis qu'on avait démontré
aux peuples qu'il n'y avait ni routines ni préjugés.

Il y avait dissolution dans le corps social
long-temps avant la révolution , parce qu'il
n'y avait plus de rapports entre les mots et les
choses.

La chute des préjugés avait mis à nu la
source des pouvoirs. On avait découvert leur
faiblesse. Ils sont tombés en effet à la première
attaque.

Il fallait donc refaire l'autorité sur un autre

plan. Il fallait qu'elle se passât du cortége des habitudes et des préjugés : il fallait qu'elle se passât de cet aveuglement qu'on appelle la foi. Elle n'avait hérité d'aucuns droits ; il fallait donc qu'elle fût en entier dans le fait , c'est-à-dire dans la force.

Je ne montais pas ainsi sur le trône comme un héritier des anciennes dynasties , pour m'y asseoir mollement sous les prestiges des habitudes et des illusions , mais pour affermir les institutions que le peuple voulait , pour mettre les lois en accord avec les mœurs , et pour rendre la France redoutable , afin de maintenir son indépendance.

On ne tarda pas à m'en fournir l'occasion. L'Angleterre était fatiguée par le séjour de mes troupes sur les côtes. Elle voulait s'en débarrasser à tout prix, et cherchait, la bourse à la main, des alliés sur le continent. Elle devait en trouver.

Les anciennes dynasties étaient effrayées de me voir sur le trône. Quelques politesses que nous nous fissions , elles voyaient bien que je n'étais pas un des leurs : car je ne régnais qu'en vertu d'un système qui détruisait l'autel que le temps leur avait élevé. J'étais à moi seul une révolution. L'empire les menaçait comme

la république. Elles le redoutaient davantage,
parce qu'il était plus robuste.

Il était donc de leur politique de m'attaquer
le plus tôt possible , c'est-à-dire avant que
j'eusse pris toutes mes forces.

Les chances de la lutte qui allait s'ouvrir,
étaient d'un grand intérêt pour moi. Elles allaient m'apprendre la mesure de la haine qu'on
me portait. Elles allaient m'apprendre à dis-
tinguer ceux des souverains que la crainte dé-
ciderait à s'associer au système de l'empire,
d'avec ceux qui périraient plutôt que de tran-
siger avec lui.

Cette lutte devait amener de nouvelles combinaisons politiques en Europe. Je devais suc-
comber, ou en devenir l'arbitre.

Je venais de réunir le Piémont à la France,
parce qu'il fallait que la Lombardie s'appuyât
à l'empire. On cria à l'ambition : on prépara
la lice pour le combat. Cette réunion lui servit
de signal.

La bataille devait être rude. Les Autrichiens
rassemblaient toutes leurs forces , et les Russes
s'étaient décidés à y réunir les leurs.

Le jeune Alexandre venait de monter sur le
trône : comme les enfans aiment à faire le
contraire de leurs parens , il me déclara la

guerre, parce que son père avait fait la paix.
Car nous n'avions rien encore à démêler avec
les Russes : leur tour n'était pas venu, mais
les femmes et les courtisans l'avaient décidé
ainsi. Ils ne croyaient faire qu'une chose de
bon goût, parce que je n'étais pas à la mode
dans le beau monde ; et ils commençaient,
sans le savoir, le système auquel la Russie
devra sa grandeur.

La coalition n'a jamais ouvert la campagne
plus maladroitement. Les Autrichiens s'imaginèrent de me surprendre. Cette prétention
ne leur réussit pas.

Ils inondèrent la Bavière sans attendre l'arrivée des Russes. Ils s'en vinrent, à marches
forcées, sur le Rhin. Mes colonnes avaient
quitté le camp de Boulogne, et traversaient
la France. Nous passâmes le Rhin à Strasbourg.
Mon avant-garde rencontra les Autrichiens à
Ulm et les culbuta (14). Je marchai sur Vienne
à tour de route. J'y entrai sans obstacle. Un
général autrichien oublia de couper les ponts

---

(14) On fit prisonniers à Ulm 80,000 Autrichiens,
dont 26 ou 30 généraux. On y prit 60 à 80 drapeaux,
et deux à trois cents pièces de canon. C'était vérita-
blement une rencontre d'avant-garde très-remarqua-
ble !   (N).

du Danube. Je passai la rivière. Je l'aurais passée également, mais j'en arrivai plus vite en Moravie.

Les Russes débouchaient seulement ; les débris autrichiens coururent se réfugier sous leurs drapeaux. L'ennemi voulut tenir à Austerlitz ; il fut battu. Les Russes se retirèrent en bon ordre , et me laissèrent l'empire d'Autriche (15).

L'empereur François me demanda une entrevue : je la donnai dans un fossé. Il me demanda la paix ; je l'accordai ; car qu'aurais-je fait de son pays : il n'était pas moulé pour la révolution. Mais pour diminuer ses forces , je demandai Venise pour la Lombardie, et le Tyrol pour la Bavière ; afin de renforcer au moins mes amis aux dépens de mes ennemis. C'était bien le moins.

Ce n'était pas le moment de disputer ; la paix fut signée. Je la fis proposer en même temps aux Russes. Alexandre la refusa.

---

(15) Les Russes ne firent pas de retraite ; tout leur parc d'artillerie fut pris. Les débris de leur armée qui se sauvèrent , abandonnèrent leurs sacs et leurs armes. L'empereur Alexandre, entouré dans Hôlich , aurait été fait prisonnier, s'il n'avait donné sa parole d'évacuer la Hongrie, par telles routes, et à telles journées qui lui *furent désignées*.　　　　(N.)

Ce refus était noble ; car en acceptant la paix, il acceptait l'humiliation des Autrichiens.

En refusant, il montra de la fermeté dans les revers, et de la confiance dans la fortune. Ce refus m'apprit que le sort du monde dépendrait de nous deux.

La campagne recommença. Je suivis la retraite des Russes : j'arrivai en Pologne (16). Un nouveau théâtre s'ouvrait à nos armes. J'allai voir cette vieille terre de l'anarchie et de la liberté ; courbée sous un joug étranger : les Polonais attendaient ma venue pour le secouer.

J'ai négligé le parti que je pouvais tirer des

---

(16) La campagne ne recommença point. Les Français ne suivirent pas les Russes en Pologne. Les Russes se retirèrent avec la plus grande précipitation au-delà du Niémen. La paix fut signée avec l'Autriche à Vienne; une convention fut pareillement signée avec la Prusse, et Napoléon retourna à Paris. Quoiqu'il ait été en Pologne, il n'y alla pas par suite de la bataille d'Austerlitz, mais après la campagne d'Jéna, et il s'y rendit par la route de Berlin, et non par celle de Vienne. Il se trouve là un anachronisme d'un an. La bataille d'Austerlitz se donna le deuxième décembre 1804, celle d'Jéna le 14 octobre 1806, celle d'Eylau le 8 février 1807, celle de Friedland le 14 juin suivant, et la paix de Tilsit eut lieu le septième juillet de la même année. (N.)

Polonais, et c'est la plus grande faute de mon règne. Je savais cependant qu'il était essentiel de relever ce pays, pour en faire une barrière à la Russie, et un contrepoids à l'Autriche ; mais les circonstances ne furent pas assez heureuses à cette époque pour réaliser ce plan.

D'ailleurs les Polonais m'ont paru peu propres à remplir mes vues. C'est un peuple passionné et léger. Tout se fait chez eux par fantaisie, et rien par système. Leur enthousiasme est violent ; mais ils ne savent ni le régler ni le perpétuer. Cette nation porte sa ruine dans son caractère.

Peut-être qu'en donnant aux Polonais un plan, un système, et un point d'appui, ils auraient pu se former avec le temps.

Quoique mon caractère ne m'ait jamais porté à faire les choses à demi, je n'ai cependant fait que cela en Pologne, et je m'en suis mal trouvé. Je m'avançai au cœur de l'hiver vers les pays du nord. Le climat n'inspirait aucune défiance au soldat. Son moral était excellent. J'avais à combattre une armée maîtresse de son terrain et de son climat. Elle m'attendait sur les frontières de la Russie. J'allai l'y chercher, parce qu'il ne fallait pas laisser languir mes troupes dans de mauvais

cantonnemens. Je rencontrai l'ennemi à Eylau :
l'affaire fut meurtrière et indécise.

Si les Russes nous avaient attaqués le lendemain, nons aurions été battus (17) : mais
leurs généraux n'ont heureusement pas de ces
inspirations. Ils me donnaient le temps de les
attaquer à Friedland. La victoire y fut moins
douteuse : Alexandre s'était vaillamment défendu : il me proposa la paix. Elle était hono-
rable pour les deux nations, car elles s'étaient
mesurées avec une égale bravoure. La paix

---

(17) Il n'était pas au pouvoir des Russes d'attaquer
le lendemain de la bataille d'Eylau, c'est-à-dire le
neuvième février, parce que le huit, à cinq heures du
soir, ils n'étaient plus sur le champ de bataille qui
était occupé par le troisième corps de l'armée française. Le neuvième, à trois heures du matin, l'armée
russe était sous les remparts de Kœnisberg, à six lieues
du champ de bataille, ayant abandonné tous ses blessés. Cette supposition est donc inadmissible ; mais en
supposant même que l'armée russe fût restée sur le
champ de bataille, et qu'elle eût pu attaquer le lendemain, les corps des maréchaux Ney et Bernadotte,
qui n'avaient pas pris part à la bataille, étaient arri-
vés pendant la nuit. Or, si les Russes avaient été battus
par l'armée française, en l'absence de ces deux corps,
comment est-il possible de croire qu'ils auraient été
vainqueurs après l'arrivée d'un renfort de six divisions
contre eux ?   (N.)

fut signée à Tilsit : elle le fut de bonne foi :
j'en atteste le czar lui-même.

Telle fut l'issue des premiers efforts de la
coalition contre l'empire que je venais de fonder. Elle éleva la gloire de nos armes, mais
elle laissa la question indécise entre l'Europe
et moi, car nos ennemis n'avaient été qu'hu-
miliés : ils n'étaient ni détruits ni changés.
Nous nous retrouvions au même point; et en
signant la paix, je prévis une nouvelle guerre.

Elles étaient inévitables, tant que le sort
de la guerre n'amènerait pas de nouvelles
combinaisons, et tant que l'Angleterre aurait
un intérêt personnel à les prolonger.

Il fallait donc profiter du repos passager
que je venais de rendre au continent, pour
élargir la base de l'empire ; afin de la rendre
plus solide pour les attaques à venir. Le trône
était héréditaire dans ma famille : elle commençait ainsi une dynastie nouvelle, que le
temps devait consacrer, comme il a légitimé
toutes les autres. Car depuis Charlemagne aucune couronne n'avait été donnée avec autant
de solennité. Je l'avais reçue du vœu des peuples et de la sanction de l'Église : ma famille, ap-
pelée à régner, ne devait pas rester mêlée dans
les rangs de la société; c'eût été un contre-sens.

J'étais riche en conquêtes. Il fallait lier in-
timement ces États au système de l'empire,
afin d'accroître sa prépondérance. Il n'y a pas
d'autres liens entre les peuples que ceux des
intérêts qu'ils mettent en commun. Il fallait
donc établir une entière communauté d'intérêts entre nous et les pays conquis. Il ne s'a-
gissait pour cela que de changer leur ancien
ordre social , pour leur donner le nôtre , en
mettant à la tête de ces nouvelles institutions
des souverains intéressés à les maintenir.

Je remplissais ces conditions en plaçant ma
famille sur les trônes qui se trouvaient vacans.

La Lombardie était le plus essentiel de ces
États , parce qu'elle devait être continuellement exposée aux regrets de la maison d'Autriche. Je ne voulus pas lui donner le plaisir
de mettre un de mes frères sur ce trône. J'é-
tais seul capable de porter la couronne de fer ,
et je la mis sur ma tête.

Je donnai par-là plus de confiance aux Lom-
bards , parce que je faisais ma propre affaire
de la leur.

Ce nouvel État prit le nom de royaume
d'Italie , parce que ce titre était plus grand ,
et parlait davantage à l'imagination des Italiens.

Le trône de Naples était vacant. La reine
Caroline , après.avoir inondé de sang le pavé
de Naples , et livré son royaume aux Anglais,
en avait été chassée de nouveau. Il fallait un
maître à ce malheureux pays, pour le sauver
de l'anarchie et des vengeances. Un de mes
frères monta sur ce trône.

La Hollande avait perdu depuis long-temps
l'énergie qui fait les républiques. Elle n'avait
plus la force de jouer ce rôle. Elle en avait
donné la preuve lors du débarquement de 99.
Je ne devais pas soupçonner qu'elle regrettât
la maison d'Orange, à la manière dont elle
l'avait traitée. La Hollande semblait donc
avoir besoin d'un souverain; je lui donnai un
autre de mes frères.

Le cadet était assez jeune pour attendre; le
quatrième n'aimait pas à régner; il s'était sauvé
pour s'y soustraire (18).

Il ne resta en république que celle des
Suisses. Il ne valait pas la peine de changer

---

(18) Ce cadet était Jérome , qui, au moment dont
parle l'auteur , était roi de Westphalie, et par consé-
quent n'avait pas besoin d'attendre. Mais l'auteur est
sans cesse égaré par l'anachronisme qui lui fit supposer
que la bataille d'Jéna eut lieu postérieurement aux conférences de Tilsit.   (N.)

des formes auxquelles ils étaient accoutumés.
Mon autorité dans ce pays s'est bornée à
les empêcher de s'égorger entr'eux. Ils ne
m'en ont pas témoigné une grande reconnaissance.

En formant ainsi des États alliés de la France,
et dépendans de l'empire, je dus en même
temps réunir à la mère-patrie, d'autres por-
tions de territoires, afin de conserver sa prépondérance sur tout le système.

C'est dans ce but que j'avais réuni le Piémont à la France, et non pas à l'Italie. J'y
réunis de même Gênes et Parme. Ces réu-
nions ne valaient rien en elles-mêmes, car
j'aurais fait de ces peuples de bons Italiens :
je n'en ai fait que de médiocres Français. Mais
l'empire se composait non-seulement de la
France, mais des États de la famille et des
alliés étrangers. Il était essentiel de conserver
la proportion entre ces trois élémens. Chaque
alliance nouvelle emportait avec elle une nouvelle réunion. Le public à chaque fois criait
à l'ambition. Mon ambition n'a jamais consisté
à posséder quelques lieues carrées de plus ou
de moins, mais à faire triompher ma cause.

Or cette cause ne consistait pas seulement
dans les opinions, mais dans le poids que

chaque parti pouvait mettre dans la balance,
et les lieues carrées pèsent dans le bassin, parce
que le monde ne se compose que de cela.

J'augmentais ainsi la masse des forces que
je faisais mouvoir. Il ne fallait ni talent ni
adresse pour opérer ces changemens. Il suffisait d'un acte de ma volonté : car ces pays
étaient trop petits pour en avoir en ma présence. Ils dépendaient du mouvement imprimé
à l'ensemble du système impérial. Le point
de départ de ce système était en France.

Il fallait donc consolider mon ouvrage, en
donnant à la France des institutions conformes
au nouvel ordre social qu'elle avait adopté. Il
fallait créer mon siècle pour moi, comme je
l'avais été pour lui.

Il fallait être législateur, après avoir été
guerrier.

Il n'était plus possible de faire reculer la
révolution ; car ç'aurait été soumettre de nouveau les forts aux faibles; ce qui est contre
nature. Il fallait donc en saisir l'esprit, pour
y accommoder un système analogue de législ-
lation. Je crois y être parvenu. Ce système
me survivra ; et j'ai laissé à l'Europe un héritage qu'elle ne pourra plus répudier.

Il n'y avait en réalité dans l'État qu'une vaste

démocratie, menée par une dictature. Cette
espèce de gouvernement est commode pour
l'exécution; mais elle est d'une nature temporaire, parce qu'elle n'est qu'en viager sur
la tête du dictateur. Je devais la rendre perpétuelle, en faisant des institutions à demeure,
et des corporations vivaces, afin de les placer
entre le trône et la démocratie. Je ne pouvais rien opérer par le levier des habitudes et
des illusions. J'étais obligé de tout créer avec
de la réalité.

Il fallait ainsi fonder ma législation sur les
intérêts immédiats de la majorité, et créer mes
corporations avec des intérêts : parce que les
intérêts sont ce qu'il y a de plus réel dans ce
monde.

· J'ai fait des lois dont l'action était immense,
mais uniforme. Elles avaient pour principe le
maintien de l'égalité. Elle est si fortement em-
preinte dans ces codes, qu'ils suffiront seuls
pour la conserver.

J'instituai une caste intermédiaire. Elle était
démocratique, parce qu'on y entrait à toute
heure et de partout : elle était monarchique,
parce qu'elle ne pouvait pas mourir.

Cette corporation devait remplacer dans le
nouveau régime le service que la noblesse était

censée faire dans l'ancien ; c'est-à-dire, d'appuyer le trône. Mais elle ne lui ressemblait en rien. La vieille noblesse n'existait que par ses prérogatives ; la mienne n'avait que du pouvoir. La vieille noblesse n'avait de mérite que parce qu'elle était exclusive. Tous ceux qui se distinguaient entraient de droit dans la nouvelle : elle n'était autre chose qu'une couronne civique. Le peuple n'y attachait pas d'autre idée. Chacun l'avait méritée par ses œuvres : tous pouvaient l'obtenir au même prix : elle n'était offensante pour personne.

L'esprit de l'empire était le mouvement ascendant : c'est le caractère des révolutions. Il agitait toute la nation. Elle se soulevait pour s'élever. J'ai placé au sommet de ce mouvement de grandes récompenses. Elles ne furent données que par la reconnaissance publique. Ces hautes dignités étaient encore conformes à l'esprit de l'égalité, car le dernier soldat les obtenait par des actions d'éclat.

Après le désordre de la révolution, il importait de rétablir l'ordre, parce qu'il est le symptôme de la force et de la durée.

Les administrateurs et les juges étaient essentiels à l'État; puisque d'eux seuls dépendait l'ordre public, c'est-à-dire l'exécution des lois.

Je les associai au mouvement qui animait le
peuple et l'armée. Je les associai aux mêmes
récompenses. Je fis un ordre qui honorait les
administrateurs, parce qu'il avait reçu des soldats un brevet d'honneur. Je le rendis commun
à tous ceux qui servaient l'État, parce que la
première des vertus est le dévouement à sa
patrie.

Je donnai ainsi pour ressort à l'empire un
lien général. Il unissait par leurs intérêts toutes
les classes de la nation, parce qu'aucune n'était
subordonnée ni exclue. Il se formait autour de
moi un corps intermédiaire, fourni par l'élite
de la nation. Il était attaché au système impérial par sa vocation, par ses intérêts, et par
ses opinions. Ce corps nombreux, quoique
revêtu du pouvoir civil et militaire, était avoué
par le peuple, parce qu'il était tiré au sort
dans les rangs. Il avait confiance en lui, parce
que leurs intérêts étaient confondus. Ce corps
n'était ni décimateur ni exclusif. Ce n'était en
réalité qu'une magistrature.

L'empire s'asseyait sur une organisation forte.
L'armée s'était formée à l'école de la guerre :
elle y avait appris à se battre et à souffrir.

Les fonctionnaires civils s'accoutumaient à
faire exécuter strictement les lois, parce que je

ne voulais ni d'arbitraire ni d'interprétation.
Ils se formaient ainsi à l'habitude et à la rapidité. J'avais répandu partout une impulsion
uniforme, parce qu'on ne donnait qu'un seul
mot d'ordre dans l'empire. Aussi tout se mou-
vait dans cette machine ; mais le mouvement
ne s'opérait que dans les cadres que j'avais pré-
parés.

J'ai arrêté les dilapidations publiques en cen-
tralisant sur un seul point toute la machine fis-
cale. Je n'ai rien laissé de vague dans cette partie ; parce qu'en fait de monnaie, tout doit se
retrouver. Je n'ai surtout rien laissé de disponible à ces demi-responsabilités provinciales,
parce que l'expérience m'avait prouvé que cet
abandon ne sert qu'à enrichir quelques petits
malversateurs aux dépens du trésor, du peuple,
et de la chose.

J'ai rendu le crédit à l'État en ne faisant pas
usage de crédit.

J'ai substitué au système des emprunts qui
avait perdu la France, celui des impôts qui l'a
corroborée.

J'ai organisé la conscription : loi rigoureuse,
mais grande, et seule digne d'un peuple qui
chérit sa gloire et sa liberté ; car il ne doit
confier sa défense qu'à lui-même.

J'ai ouvert de nouvelles communications au commerce. J'ai fait réunir l'Italie à la France, en ouvrant les Alpes par quatre routes différentes. J'ai entrepris dans ce genre ce qui paraissait presque impossible.

J'ai fait prospérer l'agriculture en maintenant les lois protectrices de la propriété, et en répartissant également les charges publiques.

J'ai ajouté de grands monumens à ceux que possédait la France. Ils devaient servir de témoins à sa gloire. Je pensais qu'ils élèveraient l'ame de nos descendans. Les peuples s'attachent à ces nobles images de leur histoire.

Mon trône ne brillait que de l'éclat des armes. Les Français aiment de la grandeur jusqu'à son apparence. J'ai fait décorer des palais ; j'y ai réuni une cour nombreuse. Je lui ai donné un caractère austère : tout autre eût été mal assorti. On ne s'amusait point dans ma cour. Aussi les femmes n'ont joué qu'un rôle mesquin dans cette cour où tout était consacré à la grandeur de l'État. C'est pourquoi elles m'ont toujours détesté. Louis XV était beaucoup mieux leur fait.

Mon ouvrage était à peine ébauché, lorsqu'un nouvel ennemi se présenta inopinément dans la lice.

Depuis dix ans la Prusse s'était tenue en
paix : la France lui en avait su gré ; les alliés
lui en avaient voulu beaucoup de mal. Ils l'in-
juriaient, mais elle prospérait.

Sa neutralité m'avait été surtout essentielle
dans la dernière campagne. Pour m'en assurer,
il lui fut fait quelques ouvertures d'une cession
du Hanovre (19). Je pensai qu'une pareille ouverture valait bien une petite violation de territoire que je m'étais permise, pour accélérer
la marche d'une division que j'étais pressé
d'avoir sur le Danube.

L'Angleterre ayant rejeté les propositions

_____

(19) Deux jours avant la bataille d'Austerlitz, le
comte Haugwitz, premier ministre du roi de Prusse,
vint à Brunn en Moravie, où il eut deux audiences de
Napoléon. Mais on se battait déjà aux avant-postes,
et Napoléon lui dit d'aller attendre à Vienne le résultat de la bataille. « Je les battrai, lui dit-il, attendez
donc et ne me dites rien. Je ne veux rien entendre aujourd'hui. » Haugwitz n'était pas novice en affaires ;
il ne se le fit pas dire deux fois. La bataille d'Austerlitz eut lieu; Napoléon retourna à Vienne, et une convention fut signée le 15 décembre 1805, entre la France
et la Prusse, pour tranquilliser cette dernière puissance
relativement au traité que le roi avait signé avec l'empereur de Russie, quelques semaines auparavant. La
Prusse promit de désarmer, et en retour elle obtint la

de paix que nous lui avions envoyées , suivant notre usage , en signant celle de Tilsit , la Prusse demanda la cession du Hanovre.

Je ne demandais pas mieux que de lui faire ce cadeau ; mais il me parut qu'il était temps que cette cour se déclarât franchement pour nous , en entrant pour tout de bon dans notre système. Il ne pouvait pas tout conquérir avec l'épée ; la politique devait aussi nous donner des alliés , et l'occasion paraissait belle.

Mais je m'aperçus que la Prusse avait de tout autres intentions , et qu'elle croyait m'avoir amplement payé par sa neutralité. Dès ce moment il devenait ridicule d'agrandir un pays sur lequel je ne pouvais pas compter. J'y mis de l'humeur ; je ne calculai pas assez qu'en donnant du terrain à la Prusse je la compromettais ; c'est-à-dire que je me l'assurais. Je

---

promesse que la France ne s'opposerait pas à ce qu'elle annexât le Hanovre à ses possessions, moyennant la cession , que demanda cette puissance, de Wesel , de Bareuth , et de Neufchâtel. La Prusse ne pouvait demander le Hanovre à Tilsit. Les conférences de Tilsit furent postérieures à la bataille d'Jéna. Cette erreur de date jette un air d'obscurité sur une grande partie de ce pamphlet. (N.)

refusai tout , et le Hanovre reçut une autre destination (20).

Les Prussiens jetèrent les hauts cris , parce que je ne voulais pas leur donner le bien d'autrui. Ils se plaignirent de ma petite violation de l'année précédente. Ils s'avisèrent tout d'un coup qu'ils étaient dépositaires de la gloire du

_____

(20) La convention signée avec Haugwitz à Vienne, en décembre 1805 , ne reçut qu'une ratification conditionnelle à Berlin ; ce qui, étant contraire à l'usage , donna lieu à une discussion pendant l'échange des ratifications, et produisit des difficultés qui occupèrent une portion de 1806, mais qui furent enfin aplanies. La Prusse déclara la guerre en octobre , sans aucune raison ; non par suite de conseils de cabinets , ou de la volonté du roi, mais par l'effervescence des passions. C'est un fait , qu'à la fin de l'été de 1806, la Prusse courut aux armes , trompée par une fausse dépêche du marquis Luchesini , qui assurait la cour de Berlin que, dans le traité qui venait d'être signé à Paris entre la France et la Russie, par le comte d'Oubril , ces deux grandes puissances avaient contracté des engagemens contraires aux intérêts de la Prusse. Dans le premier moment d'alarme , la cour de Berlin prit les armes contre la Russie et la France ; mais une explication eut bientôt lieu , et la Prusse se trouva sans aucune crainte du côté de la Russie, cette dernière puissance ayant désavoué ce que d'Oubril avait fait et ayant refusé de ratifier le traité, dans lequel, d'ailleurs, il n'était pas

grand Frédéric. Les têtes s'échauffèrent. Une
espèce de mouvement national agita la noblesse de Prusse. L'Angleterre se dépêcha de
le solder, et il prit de la consistance.

Si les Prussiens m'avaient attaqué pendant
que j'étais aux prises avec les Russes, ils pouvaient me faire beaucoup de mal ; mais il
était si absurde de venir, hors de raison, nous
déclarer une guerre qui ressemblait à une
mutinerie de collége, que je fus long-temps
avant d'y ajouter foi.

Rien n'était plus vrai cependant, et il fallut
rentrer en campagne.

Je m'attendais bien à battre les Prussiens ;
mais j'avais destiné plus de temps à cela. Je
pris des mesures contre les agressions qu'on
pourrait me susciter d'ailleurs, et que je soup-
çonnais. Mais je n'en eus pas besoin.

Par un hasard singulier, les Prussiens ne
tinrent pas deux heures. Par un autre hasard,

---

question de la Prusse. Après avoir fait si galamment
une levée de boucliers contre la Russie et la France,
la cour de Prusse voyant qu'elle n'aurait à combattre
que les Français, et s'étant d'ailleurs assurée du secours
de la Russie, se crut certaine de la victoire. Cependant,
quelques semaines après, la bataille d'Jéna, qui eut
lieu le 14 octobre 1806, décida la question.   (N.)

leurs généraux n'imaginèrent pas de défendre des places qui m'auraient tenu trois mois. En quelques jours je fus maître du pays.

La diligence de cette déroute me prouva que cette guerre n'avait rien eu de populaire en Prusse. J'aurais dû profiter de cette découverte pour organiser la Prusse à notre manière ; mais je ne sus pas m'y prendre.

L'empire avait acquis une immense prépondérance par la bataille de Jéna. Le public commençait à regarder ma cause comme gagnée ; je m'en aperçus aux manières que l'on prit avec moi. Je commençai à le croire aussi moi-même, et cette bonne opinion m'a fait faire des fautes.

Le système sur lequel j'avais fondé l'empire était ennemi né des anciennes dynasties. Je savais qu'entre elles et moi la guerre devait être mortelle. Il fallait donc prendre des moyens vigoureux pour la rendre aussi courte que possible, afin de ménager la souffrance des peuples et des rois.

Ainsi j'aurais dû changer, d'une part, la forme et le personnel de tous les États que la guerre mettait dans mes mains, parce qu'on ne fait pas des révolutions en gardant les mêmes hommes et les mêmes choses. J'étais donc sûr,

en conservant ces gouvernemens , de les avoir
toujours contre moi : c'était des ennemis que
je ressuscitais.

Si je voulais, d'autre part , garder ces gouvernemens , faute de mieux , il fallait les rendre
complices de ma grandeur , en leur faisant
accepter , avec mon alliance, des territoires
et des titres.

En suivant l'un ou l'autre de ces plans , suivant l'occasion , j'aurais étendu rapidement les
frontières de la révolution. Nos alliances auraient été solides , parce qu'elles auraient été
faites avec les peuples. Je leur aurais apporté
les avantages avec les principes de la révolution : j'aurais éloigné d'eux le fléau de la guerre
dont ils ont été persécutés pendant vingt ans ,
et qui a fini par les révolter contre nous.

Il est à croire que la majorité des nations
du continent aurait accepté cette grande
alliance, et l'Europe aurait été refondue sur
un nouveau plan analogue à l'état de sa civilisation.

Je raisonnai bien , mais je fis le contraire.
Au lieu de changer la dynastie prussienne,
comme je l'en avais menacée , je lui rendis
ses États après les avoir morcelés. La Pologne
ne me sut pas gré de n'avoir remis en liberté

que la portion de son territoire dont la Prusse s'était emparée. Le royaume de Westphalie fut mécontent de ne pas obtenir davantage, et la Prusse, furieuse de ce que je lui avais ôté, me jura une haine éternelle.

Je m'imaginai, je ne sais pourquoi, que des souverains, dépossédés par le droit de conquêtes, pouvaient devenir reconnaissans de la part qu'on leur laissait. J'imaginai qu'ils pourraient, après tant de revers, s'allier de bonne foi avec nous, parce que c'était le parti le plus sûr. J'imaginai pouvoir étendre ainsi les alliances de l'empire, sans me charger de l'odieux que les révolutions entraînent après elles. Je trouvai enfin que c'était un grand rôle à jouer que celui d'ôter et de rendre des couronnes. Je m'y laissai séduire. Je me suis trompé, et les fautes ne se pardonnent jamais.

Je voulus corriger, au moins, ce que j'avais fait en Prusse, en organisant la Confédération du Rhin (21), parce que j'espérais contenir l'un par l'autre. Pour former cette confédération,

---

(21) La confédération du Rhin précéda la bataille d'Jéna. Elle fut formée le 12 juin 1806 : ce ne fut donc pas, comme il le paraît à l'auteur, après cette bataille et après les conférences de Tilsit qu'elle fut organisée.

(N.)

j'ai agrandi les États de quelques souverains,
aux dépens de ceux d'une cohue de petits
princes, qui ne servaient qu'à manger l'argent
de leurs sujets, sans pouvoir leur être bons à
rien. J'attachai ainsi à ma cause les souverains
dont j'avais grossi le volume, par les intérêts
de leur agrandissement. Je les fis conquérans
malgré eux. Mais ils se trouvèrent bien du métier. Ils ont fait volontiers cause commune avec
moi. Ils ont été fidèles à cette cause tant qu'ils
l'ont pu.

Le continent se trouva ainsi pacifié pour la
quatrième fois. J'avais étendu la surface et la
prépondérance de l'empire. Mon pouvoir im-
médiat s'étendait de l'Adriatique aux bouches
du Weser; mon pouvoir d'opinion sur toute
l'Europe.

Mais l'Europe sentait, comme moi, que
cette pacification n'était encore qu'une œuvre
provisoire; parce qu'il y avait trop d'élémens
de résistances, en qu'en traitant avec ces résistances, comme j'avais eu le tort de le faire,
je n'avais fait que reculer la difficulté.

Le principe vital de la résistance était en
Angleterre. Je n'avais aucun moyen de l'attaquer corps à corps, et j'étais sûr que la guerre
se renouvellerait sur le continent, tant que le

ministère anglais aurait de quoi en payer les
frais. La chose pouvait durer long-temps, parce
que les bénéfices de la guerre alimentaient la
guerre. C'était un cercle vicieux dont le résultat
était la ruine du continent. Il fallait donc trouver un moyen de détruire les bénéfices que la
guerre maritime valait à l'Angleterre, afin de
ruiner le crédit du ministère. On me proposa,
dans ce but, le système continental. Il me
parut bon, et je l'acceptai. Peu de gens ont
compris ce système. On s'est obstiné à n'y voir
d'autre but que celui de renchérir le café. Il
devait avoir de tout autres conséquences.

Il devait ruiner le commerce anglais. En
cela il a mal fait son devoir, parce qu'il a
produit, comme toutes les prohibitions, un
renchérissement, ce qui est toujours à l'avantage du commerce, et parce qu'il ne put être
assez complètement établi pour bannir la
contrebande.

Mais le système continental devait servir
encore à désigner clairement nos amis d'avec
nos ennemis. Nous ne pouvions pas nous y
tromper. L'attachement au système continental témoignait de l'attachement à notre
cause, parce qu'il était son enseigne et son
palladium.

Ce système, si débattu, était indispensable dans le moment où je l'ai établi, car il faut qu'un grand empire ait, non-seulement une tendance générale pour diriger sa politique, mais son économie doit avoir une tendance pareille. Il faut une route à l'industrie, comme à toutes choses, pour se mouvoir et pour avancer. Or, la France n'en avait point quand je lui ai tracé sa route en lui donnant le système continental.

L'économie de la France s'était portée, avant la révolution, vers les colonies et le commerce d'échange. C'était la mode alors. Elle y avait eu de grands succès. A quelque point qu'on ait vanté ses succès, ils n'avaient eu cependant d'autres résultats que ceux d'amener la ruine des finances de l'État ; la perte de son crédit ; la destruction de son système militaire ; la perte de sa considération au dehors ; la langueur de son agriculture. Ces succès l'avaient amené finalement à signer un traité de commerce qui livrait son approvisionnement aux Anglais.

La France avait à la vérité de beaux ports de mer, et quelques négocians dont les fortunes étaient colossales.

La guerre avait détruit sans retour le sys-

tème maritime. Les ports de mer étaient rui-
nés. Aucune force humaine ne pouvait leur
rendre ce que la révolution avait anéanti. Il
fallait donc donner une autre impulsion à l'esprit de trafic , pour rendre de la vie à l'industrie de la France. Il n'y avait pas d'autre moyen
d'y parvenir que celui d'enlever aux Anglais le
monopole de l'industrie manufacturière, pour
faire de cette industrie la tendance générale
de l'économie de l'État. Il fallait créer le système continental.

Il fallait ce système, et rien de moins; parce
qu'il fallait donner une prime énorme aux fabriques, pour engager le commerce à mettre
en dehors les avances qu'exige l'établissement
de tout un ensemble de fabrication.

Le fait a prouvé en ma faveur; j'ai déplacé
le siége de l'industrie, en lui faisant passer la
mer. Elle a fait de si grands pas sur le continent, qu'elle n'a plus de concurrence à redouter. Si la France veut prospérer, qu'elle garde
mon système en changeant son nom. Si elle
veut décheoir, elle n'a qu'à recommencer des
entreprises maritimes; car les Anglais les dé-
truiront à la première guerre. J'ai été forcé
de porter le système continental à l'extrême ,
parce qu'il avait pour but de faire non-seule-

ment du bien à la France, mais du mal à l'Angleterre. Nous ne recevions les denrées colo-
niales que par son ministère, quel que fût le
pavillon qu'elles empruntassent pour naviguer.
Il fallait donc en recevoir le moins possible. Il
n'y avait pas de meilleur moyen pour cela que
d'en élever le prix outre mesure. Le but politique était rempli ; les finances de l'État en
profitaient, mais j'ai désolé les bonnes femmes,
et elles s'en sont vengées. L'expérience montrait chaque jour que le système continental
était bon, car l'État prospérait, malgré le far-
deau de la guerre. Les impôts étaient à jour,
le crédit au pair avec l'intérêt de l'argent.
L'esprit d'amélioration se montrait dans l'agriculture comme dans les fabriques. On bâtissait
les villages à neuf, comme les rues de Paris.
Les routes et les canaux facilitaient le mouvement intérieur. On inventait chaque semaine
quelque perfectionnement ; je faisais faire du
sucre avec des navets, et de la soude avec du
sel. Le développement des sciences marchait
de front avec celui de l'industrie.

Il aurait donc été insensé de renoncer à un
système, au moment où il portait ses fruits.
Il fallait l'affermir, pour donner d'autant plus
de prise à l'émulation.

Cette nécessité a influé sur la politique de
l'Europe, en ce qu'elle a fait à l'Angleterre une
nécessité de poursuivre l'état de guerre. Dès
ce moment aussi la guerre a pris en Angleterre
un caractère plus sérieux. Il s'agissait pour elle
de la fortune publique, c'est-à-dire, de son
existence. La guerre se popularisa. Les Anglais
ne confièrent plus à des auxiliaires le soin de
leur protection; ils s'en chargèrent eux-mêmes,
et parurent en grosses masses sur le terrain.
La lutte n'est devenue périlleuse que depuis
lors. J'en reçus l'impression en signant le dé-
cret. Je soupçonnai qu'il n'y aurait plus de repos
pour moi, et que ma vie se passerait à combattre des résistances que le public ne voyait
plus, mais dont j'avais le secret, parce que je
suis le seul que les apparences n'aient jamais
trompé. Je me flattais, au fond du cœur, de
rester maître de l'avenir, au moyen de l'armée
que j'avais faite : tant de succès l'avaient rendue
invincible. Elle ne doutait jamais du succès;
ses mouvemens étaient faciles, parce que nous
avions renoncé au système des camps et des
magasins. On pouvait la transporter à l'instant
sur toutes les directions, et partout elle arrivait
avec la conscience de sa supériorité. Avec de
tels soldats, quel est le général qui n'eût aimé

la guerre. Je l'aimais, je l'avoue, et cependant je n'ai plus senti en moi, depuis l'affaire de Jéna, la plénitude de confiance, ni le mépris de l'avenir auxquels j'avais dû mes premiers succès (22). Je me défiais de moi-même : cette défiance portait de l'incertitude dans mes décisions : mon humeur en était altérée ; mon caractère abâtardi. Je me commandais, mais ce qui n'est pas naturel n'est jamais parfait.

Le système continental avait décidé les Anglais à nous faire guerre à mort. Le nord était soumis, et contenu par mes garnisons. Les

---

(22) La prise de Magdebourg, de Spandau, de Custrin et de Stettin, la bataille de Pultusk, la prise de Dantzick, de Glogau, de Breslau, de Brieg, de Schweidnitz, la bataille de Friedland, et les conférences de Tilsit eurent lieu en 1807, postérieurement à la bataille d'Jéna, qui fut livrée le 14 octobre 1806. La prise de Madrid, les batailles d'Espinosa, de Burgos et de Tudela, les opérations contre l'armée de sir John Moore, appartiennent à 1808. La bataille d'Abensberg, les manœuvres de Landshut, la bataille d'Eckmühl, la prise de Vienne, les batailles d'Esling et de Wagram, la paix de Presbourg, eurent lieu en 1809, trois ans après la bataille d'Jéna. La bataille d'Abensberg, les manœuvres de Landshut et la bataille d'Eckmühl, furent les plus brillantes et les plus habiles manœuvres de Napoléon.   (N.)

Anglais n'y avaient plus d'autres rapports que
ceux de la contrebande ; mais on leur avait
livré le Portugal , et je savais que l'Espagne
favorisait leur commerce à l'abri de sa neutralité.

Pour que le système continental fût bon à
quelque chose , il fallait qu'il fût complet. Je
l'avais établi , à peu de chose près , dans le
Nord : il fallait le faire respecter dans le Midi.
Je demandai à l'Espagne un passage pour un
corps d'armée que je voulais envoyer en Portugal. On me l'accorda. A l'approche de mes
troupes , la cour de Lisbonne s'embarqua pour
le Brésil , et me laissa son royaume. Il fallut
établir , au travers de l'Espagne , une route
militaire , pour communiquer avec le Portugal.
Cette route nous mit en rapport avec l'Espagne.
Jusqu'alors je n'avais jamais songé à ce pays,
à cause de sa nullité.

L'état politique de l'Espagne était alors in-
quiétant ; elle était gouvernée par le plus in-
capable des souverains , brave et digne homme , dont l'énergie se bornait à obéir à son
favori. Ce favori , sans caractère et sans talent,
n'avait lui-même d'autre énergie que celle de
demander sans cesse des richesses et des dignités.

Le favori m'était resté dévoué , parce qu'il trouvait commode de gouverner sous l'ombre de mon alliance. Mais il avait si mal mené les affaires , que son crédit avait baissé en Espagne. Il ne pouvait plus s'y faire obéir. Son dévouement me devenait inutile.

Les opinions avaient marché en Espagne dans un sens inverse du reste de l'Europe. Le peuple , qui s'était élevé partout à la hauteur de la révolution , y était resté fort au-dessous ; les lumières n'avaient pas percé jusqu'à la seconde couche de la nation. Elles s'étaient arrêtées à la surface , c'est-à-dire , sur les hautes classes. Celles-ci sentaient l'abaissement de leur patrie , et rougissaient d'obéir à un gouvernement qui perdait leur pays. On les appelait les libéraux.

En sorte que les révolutionnaires étaient en Espagne ceux qui avaient à perdre à la révolution ; et ceux qui devaient y gagner n'en voulaient pas entendre parler. Le même contre-sens a eu lieu également à Naples. Il m'a fait faire beaucoup de fautes , parce que je n'en ai pas eu la clef d'entrée.

La présence de mes troupes en Espagne y causa un événement. Chacun l'interpréta. Les têtes s'en occupèrent ; la fermentation com-

mença. J'en fus informé. Les libéraux furent
sensibles à l'humiliation de leur pays : ils crurent prévenir sa ruine par une conjuration.
Cette conjuration réussit. Elle se borna à faire
abdiquer le vieux roi et à rouer de coups son
favori. L'Espagne ne gagnait rien au fond à
ce changement, car le fils qu'on mettait sur
le trône ne valait pas mieux que son père. Je
sais à quoi m'en tenir à cet égard.

. La conjuration eut à peine réussi, que les
conjurés s'épouvantèrent de leur audace. Ils
eurent peur d'eux, de moi, de tout le monde.
Les moines n'approuvaient pas la violence
qu'on avait exercée contre leur vieux roi, parce
qu'elle était illégitime. Je la désapprouvai
également par un autre motif. L'épouvante
se mit dans la nouvelle cour, la révolte dans
le peuple, et l'anarchie dans l'État.

. La force des choses avait amené ainsi un
changement en Espagne ; puisqu'une révolution venait d'y commencer par le fait. Cette
révolution ne pouvait pas être de la même
nature que celle de la France, parce que les
élémens en étaient différens. Jusqu'alors elle
n'avait eu aucune direction, parce qu'elle n'a-
vait point eu de chef, ni de parti pris d'avance.
Ce n'était encore qu'une suspension d'autorité,

une subversion de pouvoir , un désordre :
voilà tout.

On ne pouvait prévoir autre chose sur le
sort de l'Espagne ; si ce n'est qu'avec un peuple ignorant et farouche , cette révolution ne
s'achèverait pas sans des flots de sang , et de
longues calamités.

Que demandaient d'ailleurs les hommes qui
voulaient un changement en Espagne ? Ce
n'était pas une révolution comme la nôtre :
c'était un gouvernement capable ; une autorité
qui fût en état d'ôter la rouille qui couvrait
leur pays , afin de lui rendre de la considération au dehors , et de la civilisation au
dedans.

Je pouvais leur donner l'un et l'autre en
m'emparant de leur révolution au point où
ils l'avaient amenée. Il s'agissait de donner à
l'Espagne une dynastie qui serait forte parce
qu'elle serait neuve , et qui serait éclairée
parce qu'elle serait dépourvue de préjugés.
La mienne réunissait ces qualités. Je songeai
donc à lui donner ce trône de plus.

A cet égard le plus difficile était fait : c'était
de se débarrasser de l'ancienne dynastie. Or les
Espagnols avaient laissé abdiquer le vieux roi,
et ne voulaient pas reconnaître le nouveau.

Tout semblait donc présager que l'Espagne, pour éviter l'anarchie, accepterait un souverain qui se présentait armé d'un levier prodigieux. Elle serait entrée par-là sans efforts dans le rayon du système impérial ; et quelque déplorable que fût l'état social de l'Espagne, il ne fallait pas dédaigner cette conquête.

Comme il faut voir les choses par soi-même pour s'en faire une juste idée, je partis pour Baïonne, où j'avais invité la vieille cour d'Espagne à se rendre. Comme elle n'avait rien de mieux à faire, elle y vint. J'avais invité également la nouvelle, et je m'attendais qu'elle ne viendrait pas, parce qu'elle avait beaucoup mieux à faire.

Je pensai que pour ne pas le mettre en présence ni de moi ni de son père, on aurait fait prendre à Ferdinand ou le parti de la révolte, ou celui de gagner l'Amérique. Il ne prit ni l'un ni l'autre. Il s'en vint à Baïonne, avec son précepteur et ses confidens, et laissa l'Espagne au premier occupant.

Cette démarche seule me donna la mesure de cette cour. J'eus à peine conféré avec ces chefs de conjurés, que je vis l'ignorance où ils étaient de leur propre situation. Ils n'avaient de parti pris sur rien ; ils ne prévoyaient rien ;

ils menaient leur politique comme des quinze-
vingts. J'eus à peine vu le souverain qu'ils
avaient mis sur le trône, que je fus convaincu
qu'on ne devait pas laisser l'Espagne en de
pareilles mains.

Je me décidai alors à recevoir l'abdication
de cette famille, et à placer un de mes frères
sur un trône que ses maîtres venaient d'abandonner. Ils en étaient descendus si facilement,
que je crus qu'il y monterait de même.

Rien en effet ne semblait s'y opposer : la
junte de Baïonne l'avait reconnu; aucun pouvoir
légal n'était resté en Espagne pour refuser ce
changement de règne; le vieux roi s'était montré reconnaissant de ce que j'avais ôté le trône
à son fils, et il était allé se reposer à Compiè-
gne. Son fils fut conduit au château de Valençay, où l'on avait fait les préparatifs nécessaires.

Les Espagnols savaient à quoi s'en tenir avec
leur vieux roi : il ne laissa ni regrets ni souve-
nirs ; mais son fils était jeune ; son règne en
espérance. Il était malheureux ; on en fit un
héros : l'imagination se monta en sa faveur.
Les libéraux crièrent à l'indépendance nationale, les moines à l'illégitimité : toute la nation
s'était armée sous ces deux bannières.

Je conviens que j'ai eu tort de mettre le jeune
roi en sequestre à Valençay. J'aurais dû le
laisser voir à tout le monde, afin de détromper ceux qui s'intéressaient à lui.

J'ai eu tort surtout de ne pas lui permettre
de rester sur le trône. Les choses auraient été
de mal en pis en Espagne. Je me serais acquis
le titre de protecteur du vieux roi, en lui
donnant un asile. Le nouveau gouvernement
n'aurait pas manqué de se compromettre avec
les Anglais. Je lui aurais déclaré la guerre
tant en mon nom qu'en qualité de fondé de
pouvoirs du vieux roi. L'Espagne aurait confié à son armée le sort de cette guerre, et dès
qu'elle aurait été battue, la nation se serait
soumise au droit de conquête. Elle n'aurait
pas même songé à en murmurer, parce qu'en
disposant des pays conquis, on ne fait que
suivre les usages reçus.

Si j'avais été plus patient j'aurais suivi cette
marche. Mais je crus que le résultat étant le
même, les Espagnols accepteraient *à priori*
un changement de dynastie que la position des
affaires rendait inévitable. Je mis de la gau-
cherie dans cette entreprise, parce que je sup-
primai les gradations Je venais de déplacer
ainsi l'ancienne dynastie d'une manière offen-

sante pour les Espagnols. Blessés dans leur orgueil, ils ne voulurent pas reconnaître celle que j'avais mise à sa place. Il en résulta qu'il n'y eut plus d'autorité nulle part, c'est-à-dire qu'elle se trouva partout. La nation en masse se crut chargée de la défense de l'État, puisqu'il n'y avait plus d'armée ou d'autorité auxquelles on pût confier cette défense. Chacun en prit la responsabilité : je créai l'anarchie. Je trouvai contre moi toutes les ressources qu'elle donne. J'eus toute la nation sur les bras.

Cette nation, dont l'histoire n'a signalé que l'avarice et la férocité, était peu redoutable devant l'ennemi; elle fuyait à la vue de nos soldats; mais elle les assassinait par derrière. Ils en étaient révoltés; ils avaient les armes à la main : ils usaient de représailles. De représailles en représailles cette guerre est devenue une arène d'atrocités.

J'ai senti qu'elle imprimait un caractère de violence à mon règne; qu'elle était d'un exemple dangereux pour les peuples et funeste pour l'armée, parce qu'elle consommait beaucoup d'hommes et fatiguait le soldat. J'ai senti qu'elle avait été mal commencée; mais une fois que cette guerre avait été entamée, il n'était plus possible de l'abandonner. Car le

plus petit revers enflait mes ennemis, et re-
mettait l'Europe en armes. J'ai été obligé
d'être toujours victorieux.

Je ne tardai pas à en faire l'épreuve.

J'étais allé en Espagne, afin d'accélérer les
événemens et de connaître le terrain sur lequel
j'allais laisser mon frère. J'avais occupé Madrid, et détruit l'armée anglaise qui venait à
son secours. Mes succès étaient rapides ; l'ef-
froi à son comble ; la résistance allait finir ;
il n'y avait pas un moment à perdre ; on n'en
perdit pas non plus. Le ministère anglais
arma l'Autriche. Il a toujours été aussi actif
à me trouver des ennemis que je l'ai été à les
battre.

Le projet de l'Autriche fut mené pour cette
fois très-adroitement : il me surprit. Il faut
rendre justice à ceux qui la méritent.

Mes armées étaient éparpillées à Naples,
à Madrid, à Hambourg. J'étais moi-même
en Espagne. Il était probable que les Autrichiens devaient, en débutant, obtenir des
succès. Ces succès pouvaient en amener d'autres : dans ce genre, c'est le premier pas qui
coûte. Ils auraient pu tenter la Prusse et la
Russie, retremper le courage des Espagnols,
et rendre de la popularité au ministère anglais.

La cour de Vienne a une politique tenace ,
que les événemens ne dérangent jamais. J'ai
été long-temps avant d'en deviner la cause. Je
me suis aperçu enfin , mais trop tard , que cet
État n'avait de si profondes racines que parce
que la bonhomie du gouvernement l'a laissé
dégénérer en oligarchie. L'État n'est plus mené que par une centaine de nobles. Ils possè-
dent le territoire , et se sont emparés des
finances , de la politique et de la guerre : au
moyen de quoi ils sont maîtres de tout , et
n'ont laissé à la cour que la signature.

Or , les oligarchies ne changent jamais d'o-
pinions , parce que leurs intérêts sont toujours
les mêmes. Elles font mal tout ce qu'elles
font ; mais elles font toujours , parce qu'elles
ne meurent jamais. Elles n'obtiennent jamais
de succès; mais elles supportent admirablement
les revers , parce qu'elles les supportent en
société.

L'Autriche a dû quatre fois son salut à cette
forme de gouvernement. Elle décida de la
guerre qu'on venait de me déclarer.

Je n'avais pas un moment à perdre. Je quit-
tai brusquement l'Espagne , et courus sur le
Rhin. Je ramassai les premières troupes que je
trouvai sous ma main. Le prince Eugène s'é-

tait déjà laissé battre en Italie ; je lui envoyai
des renforts. Les rois de Souabe et de Bavière
me prêtèrent leurs troupes : j'allai battre avec
elles les Autrichiens à Ratisbonne, et je marchai sur Vienne.

Je suivis à marches forcées la rive droite du
Danube. Je comptai sur le succès du vice-roi
pour opérer notre jonction. Je voulais devan-
cer les Autrichiens à Vienne, y passer le Danube, et me trouver en position pour recevoir l'archiduc.

Ce plan était bien conçu ; mais il était im-
prudent, parce que j'avais affaire à un habile
homme, et que je n'avais pas assez de troupes.
Mais la fortune était alors pour moi.

L'archiduc fit en revanche une très-belle
marche. Il devina mon projet et gagna les de-
vans. Il se porta rapidement sur Vienne, par
la rive gauche du Danube, et prit position en
même temps que moi (23). C'est à ma con-

_____

(23) L'archiduc ne se porta pas rapidement sur
Vienne, mais il se plaça en face de cette ville, ce qui
est essentiellement différent. Le plan du chef des Français était de prendre cette capitale, de dégager son
armée d'Italie, et de la joindre à la sienne. Il réussit
en tout. Il prit la capitale, tourna l'armée d'Italie,
commandée par le prince Jean, et s'assura une com-

naissance la seule belle manœuvre que les Autrichiens aient jamais faite.'

Mon plan de campagne était manqué. J'étais en présence d'une armée formidable. Elle dominait mes mouvemens, et me forçait à l'inaction. Il n'y avait plus qu'une grande affaire qui pût terminer la guerre. C'était moi qui devais attaquer. L'archiduc m'avait réservé ce rôle. Il n'était pas facile à jouer, car il était en position de me recevoir.

Par un bonheur inespéré, l'archiduc Jean, au lieu de contenir à tout prix le vice-roi, se laissa battre (24). L'armée d'Italie le rejeta de

---

munication avec le prince Eugène, par la Styrie, la Carniole et la Carinthie.   (N.)

(24) L'arrivée du vice-roi sur le Danube fut signalée par la bataille de Raab, qui eut lieu après celle d'Esling, et non auparavant, comme l'auteur semble le croire. La bataille d'Esling eut lieu le 22 mai 1809, et celle de Raab le 14 juin, anniversaire de Marengo, après un intervalle de 22 jours. Ce fut le maréchal Lannes, et non le prince d'Esling, qui déboucha le premier à la bataille d'Esling. L'armée se forma dans l'île de Lobau le 21, les ponts furent jetés sur le fleuve dans la soirée du 20, et le 21 l'avant-garde s'empara d'Esling. Un combat assez vif eut lieu à deux heures après midi, et le 22 la bataille fut livrée. Dans les deux journées, le champ de bataille resta en la possession de l'armée

7

l'autre côté du Danube. Nous eûmes pour nous
toute sa droite.

Mais, comme nous ne voulions pas y rester

---

française. L'ennemi attaqua le village mainte et mainte
fois, et s'en rendit maître ; mais il en fut toujours dé-
busqué. A 4 heures du soir la bataille cessa, et le village
resta en la possession du général Rapp et du comte Lobau, qui, par leur bravoure personnelle, décidèrent
la journée. Cependant le corps du maréchal Davoust
était encore sur la rive droite, les ponts ayant été rom-
pus trois fois en quarante-huit heures par la crue su-
bite du Danube, et ayant été rétablis autant de fois
par l'activité du général Bertrand : le corps de Davoust
et les parcs d'artillerie n'étaient pourtant pas encore
passés ; et quand les ponts eurent été emportés une
quatrième fois, vers deux heures du matin, le Danube
continuant à s'enfler avec une grande rapidité, le général Bertrand déclara qu'il était impossible de les rétablir de nouveau ; sur quoi Napoléon ordonna à l'armée de reprendre sa position dans l'île de Lobau, en
traversant le bras du Danube, qui avait soixante toises
de largeur et qui était très-profond. L'île de Lobau est
fort grande et séparée de la rive droite par le grand
bras du Danube, dont la largeur est de cinq cents toises.
Dans cette position, il ne pouvait être attaqué : même,
dans la matinée, on y fit passer plusieurs barques char-
gées de munitions. La vieille garde, en réserve pendant
toute la bataille du 22, appuyant le village, ne perdit pas plus de cent hommes par la canonnade, et elle
était toute entière dans l'île de Lobau. Le prince Charles

toujours, il fallait en finir. Je fis jeter des ponts.
L'armée s'ébranla. Le corps du maréchal Masséna déboucha le premier. Il commençait le
feu lorsqu'un accident rompit les ponts. Il était
impossible de les réparer assez tôt pour le se-
courir. Il fut attaqué par toute l'armée enne-
mie. Cette troupe se défendit avec une valeur
héroïque, car elle était sans espoir. Les munitions manquèrent, ils allaient périr, lorsque
les Autrichiens cessèrent leur feu, croyant qu'à
chaque jour suffit sa peine. Ils reprirent position au moment décisif, et me tirèrent d'une
cruelle angoisse.

Nous n'en avions pas moins éprouvé un revers. Je m'en aperçus par l'état de l'opinion.
On publia ma défaite ; on annonçait ma retraite ; on en donnait les détails ; on prévoyait
ma perte. Les Tyroliens s'étaient révoltés; il
avait fallu y envoyer l'armée de Bavière. Des
partis s'étaient armés en Prusse et en Westphalie, et couraient le pays pour exciter un
soulèvement. Les Anglais tentaient une expé-

---

et les généraux autrichiens firent, en cette journée,
tout ce qu'on pouvait en attendre; et s'ils avaient tenté
de passer le bras de Lobau, ils auraient fini par causer
la destruction de leur armée, qui avait même alors
souffert une perte énorme.   (N.)

dition contre Anvers, qui aurait réussi sans
leur ineptie (25). Ma position empirait chaque
jour.

Enfin je parvins à jeter de nouveaux ponts
sur le Danube. L'armée passa le fleuve par une
nuit épouvantable J'assistai à ce passage parce
qu'il me donnait de l'inquiétude (26). Il se fit

---

(25) Anvers était entouré de bastions; ses remparts
étaient couverts d'artillerie; la garnison était composée de 3,000 hommes recrues à la vérité. Il y avait
dans l'arsenal de la marine deux bataillons de militaires, et 200 ouvriers civils. L'escadre, sur laquelle il se
trouvait neuf à dix mille marins, remonta dans la
ville. Anvers était entièrement à l'abri d'un coup de
main, ayant pour sa défense plus de 15,000 hommes.
D'ailleurs il y arriva, en peu de semaines, un grand
nombre de gardes nationales. On n'aurait pu prendre
Anvers qu'en en formant le siége; et par suite de la
situation locale, il est très-difficile de l'investir. Pour
prendre cette ville, il aurait fallu que les Anglais la
surprissent, ce qui leur était impossible, après avoir
perdu tant de temps devant Flessingues, et après avoir
échoué dans leur projet de couper l'escadre pour l'empêcher de remonter vers la ville. La flotte une fois
dans Anvers, cette ville ne pouvait plus être prise. (N.)

(26) Le général Bertrand jeta sur le Danube trois
ponts sur pilotis, et l'armée française, au lieu de
traverser ce fleuve en une nuit, le passa à loisir. Elle
se forma dans l'île de Lobau   (N.)

à souhait. Nos colonnes eurent le temps de se former, et cette grande journée s'ouvrit sous d'heureux auspices.

La bataille fut belle, parce qu'elle fut disputée. Les généraux ne firent cependant pas de grands efforts d'imagination, parce qu'ils commandaient de grosses masses sur un terrain plat. Il fut long-temps défendu. L'intrépidité de nos troupes, et une manœuvre hardie de Macdonald décidèrent la journée (27).

Une fois rompue, l'armée autrichienne défila en désordre dans une longue plaine (28), où elle perdit beaucoup de monde. Je la suivis vivement, car il fallait décider la campagne. Battue en Moravie, il n'y eut d'autre parti à prendre que celui de me demander la paix. Je l'accordai pour la quatrième fois.

J'espérais qu'elle serait durable, parce qu'on se lasse d'être battu, comme de toute autre chose, et parce qu'un assez grand parti, dans

---

(27) Le changement de front de l'aile gauche à l'arrière-garde fut effectué par le prince Eugène.   (N.)

· (28) Il est évident que ce passage a été dicté par un homme qui ne connaît pas le terrain, qui n'avait pas assisté à la bataille de Wagram, et qui ignore le mouvement que Napoléon fit exécuter sur Graïm par le général Marmont et le maréchal Davoust.   (N.)

Vienne, opinait en faveur d'une alliance finale avec l'empire.

Je souhaitais la paix, parce que je sentais le besoin d'accorder quelque relâche aux peuples. Car au lieu de goûter les avantages de la révolution, ils n'en avaient vu jusqu'à présent que les ravages. Nous n'étions plus des protecteurs pour eux comme au commencement de la guerre; et pour accoutumer l'opinion de l'Europe à la nature de mon pouvoir, il ne fallait pas le montrer toujours sous un aspect hostile.

Le parti ennemi assurait en revanche à la foule qu'il ne s'armait que pour la délivrer du fléau de la guerre, et pour faire baisser les marchandises anglaises.

Ces insinuations faisaient des prosélytes. La guerre dépopularisait la révolution. C'est pourquoi je désirais la paix; mais il fallait obtenir le consentement du ministère anglais; l'Autriche se chargea de la demander. On la refusa.

Ce refus m'inquiéta. Il fallait que l'Angleterre se connût des ressources dont je n'avais pas le secret. Je cherchai à les découvrir, mais en vain.

Au lieu de désarmer, je fus forcé de rester

sur le pied de guerre, et de fatiguer l'Europe.
J'en étais d'autant plus fâché, que les alliés
avaient tout l'honneur de la lutte, si j'en avais
les succès. Car ils avaient l'air innocent que
donne la défense des choses qu'on appelle lé-
gitimes parce qu'elles sont vieilles. J'avais en
revanche l'air agresseur, parce que je me bat-
tais pour les détruire, et pour faire du neuf.
Je portais ainsi seul le poids de l'accusation.
Et cependant la guerre de la révolution n'a été
que le résultat de la position de l'Europe.
C'était la crise qui changeait ses mœurs. C'était
la conséquence inévitable du passage d'un système social à un autre. Si j'avais été l'inventeur
de ce système, j'aurais été coupable des maux
qu'il a faits. Mais il n'a été inventé par personne. Il n'a été produit que par la marche du
temps. Elle a préparé sourdement cette révolution comme elle avait amené celle du pro-
testantisme, avec les malheurs qui l'ont suivie.
La guerre n'a pas dépendu davantage de moi
que des alliés. Elle a dépendu de la manière
dont la création a fait le genre humain.

L'Angleterre continua la guerre sans auxiliaires, mais non pas sans alliés : car elle avait
pour tels tous les ennemis de la révolution.
Nous avions du terrain en Espagne pour nous

battre. J'y renvoyai mes troupes ; mais je
n'y retournai pas moi-même. J'ai eu tort,
parce qu'il n'y a que soi qui fasse bien ses
affaires. Mais j'étais fatigué de ce tracas, et je
méditais dès-lors un projet qui devait donner à
mon règne un nouveau caractère.

On me suscita auparavant un autre embarras
dont je n'avais pas eu l'appréhension. Le Nord
était occupé par mes troupes. Les Anglais n'é-
taient pas assez forts pour m'attaquer sur ce
point. C'était dans la Méditerranée que leur
marine leur assurait de la supériorité. Ils y
possédaient Malte, et jouissaient de la Sicile,
des côtes d'Espagne, d'Afrique, et de la Grèce.
Ils voulurent profiter de tant d'avantages.

Ils essayèrent d'exciter un mouvement de
réaction en Italie, pour en faire une seconde
Espagne, si la chose était faisable. Il y avait
des mécontens partout : car je n'avais pas pu
placer tout le monde dans les droits-réunis. Il
y en avait en Italie comme ailleurs. Le clergé
ne m'aimait pas, parce que mon règne avait
détruit le sien. Les dévots me détestaient à son
exemple. Le bas peuple partageait ces sentimens, parce que le clergé l'influençait encore
en Italie. Le quartier-général de cette opposition s'était établi à Rome, comme la seule

ville d'Italie où elle espérait se dérober à ma
surveillance. Elle communiquait de là avec les
Anglais ; elle provoquait la révolte ; elle m'in-
sultait dans des écrits clandestins ; elle répan-
dait de faux bruits. Elle recrutait pour les Anglais ; elle soudoyait les bandits du cardinal
Ruffa, pour assassiner les Français ; elle es-
sayait de faire sauter le palais du ministre de
la police à Naples. Il devenait manifeste que
les Anglais avaient un plan sur l'Italie, et qu'ils
y fomentaient des troubles.

Je ne devais pas le permettre : je ne devais
pas souffrir qu'on insultât et qu'on assassinât
des Français. Je me contentai d'en faire à
diverses reprises des plaintes au saint-siége.
J'en recevais des réponses obligeantes pour
m'engager à prendre mon mal en patience.
Comme je n'ai jamais été patient de mon naturel, je vis qu'il y avait une mauvaise volonté
décidée contre nous, et qu'il fallait prendre
les devants pour en prévenir l'explosion. Je fis
occuper Rome par mes troupes.

Au lieu d'arrêter l'effervescence, cette mesure, un peu violente, irrita les esprits. Elle
maintint le repos de l'Italie, et déjoua les
plans de lord Bentinck ; mais la caste des dévots fit secrètement contre moi tout ce que la

haine et l'esprit de l'Église peuvent suggérer.

Ce foyer de troubles avait des ramifications en France et en Suisse. Le clergé, les mécontens, les partisans de l'ancien régime (car il y en avait encore), s'étaient réunis pour intriguer contre mon autorité, et me faire le plus de mal qu'ils pourraient. Ils ne se présentaient plus comme des conjurés : ils avaient emprunté les bannières de l'Église, et se battaient avec des foudres, et non pas avec du canon. Ils avaient leur mot d'ordre et de ralliement. C'était une maçonnerie orthodoxe que je ne pouvais atteindre nulle part, parce qu'elle était partout.

Il était d'ailleurs difficile d'attaquer ces gens en détail, parce que c'aurait été une persécution. Or, c'est le métier des faibles et non des forts. Je crus pouvoir dissiper ce parti en l'effrayant par un grand coup d'autorité. Je voulais lui montrer ma résolution, pour lui faire comprendre que je voulais maintenir le respect de l'ordre et de l'autorité, et que rien ne me coûtait pour y parvenir.

Je savais que je ne pouvais pas atteindre plus sûrement ce parti qu'en le séparant du chef de l'Église. J'attendis long-temps avant de prendre cette résolution, parce que j'y répugnais; mais plus je tardais plus il devenait nécessaire de me décider. Je me répétai que Charles-Quint, qui était plus dévot et moins puissant que moi, avait osé faire un pape prisonnier. Il ne s'en était pas mal trouvé, et je crus pouvoir tenter la même chose. Le pape fut enlevé de Rome, et conduit à Savone. Rome fut réunie à la France.

Cet acte politique a suffi pour déjouer les projets de l'ennemi. L'Italie est restée calme et dévouée jusqu'au jour où l'empire a fini. Mais la guerre de l'Église se poursuivit avec le même acharnement. Le zèle des dévots se ralluma. C'était une action sourde, mais venimeuse, contre moi. Quelque soin que j'aie pris, les dévots sont parvenus à communiquer avec Savone, et à recevoir leurs instructions. Les trapistes de Fribourg faisaient aller cette correspondance ; elle s'imprimait chez eux, et circulait de curés en curés dans tout l'empire. Il fallut transférer le saint-père à Fontainebleau, et chasser les trapistes pour arrêter ces communications. Et je crois que je n'y suis pas parvenu.

Cette petite guerre a été d'un mauvais effet, parce que je n'ai pu lui ôter le caractère de persécution. Il fallait sévir forcément contre

des gens désarmés, et j'en faisais malgré moi
des victimes. Ces malheureuses affaires de l'É-
glise m'ont fait jusqu'à cinq cents prisonniers
d'État. La politique n'en a pas donné cinquante. J'ai eu tort dans toute cette affaire : j'étais
assez fort pour laisser courir les faibles, et j'ai
fait beaucoup de mal, parce que j'ai voulu le
prévenir.

Un grand projet occupait l'Etat. Il me paraissait de nature à consolider mon règne en
me plaçant vis-à-vis de l'Europe dans un
nouveau rapport. J'en attendais de grands
résultats.

Mon pouvoir n'était plus contesté ; il ne lui
manquait que le caractère de perpétuité, qu'il
ne pouvait recevoir tant que je n'aurais point
d'héritier. Ma mort pouvait être sans cela un
moment dangereux pour ma dynastie ; car
pour être entière il ne faut pas qu'une autorité
ait des époques marquées d'avance.

Je comprenais la nécessité de me séparer
d'une femme dont je ne pouvais plus attendre
de postérité : j'y répugnais par la douleur de
quitter la personne que j'ai le plus aimée. Je
fus long-temps avant de m'y résoudre. Mais
elle s'y résigna d'elle-même avec le dévouement qu'elle a toujours eu pour moi. J'accep-

tai son sacrifice, parce qu'il était indispensable.
La politique la plus simple m'indiquait l'alliance de la maison d'Autriche. La cour de
Vienne était fatiguée de ses revers. En s'unis-
sant sans · retour avec moi, elle mettait sa
sécurité sous ma garantie. Par cette alliance
elle devenait complice de ma grandeur, et
j'avais dès-lors autant d'intérêt à la protéger
que j'en avais eu à la battre. Par cette alliance
nous formions la masse de puissance la plus
formidable qui ait existé. Nous dépassions
l'empire romain. Cette alliance se contracta.

Il ne resta plus sur le continent, en dehors
de notre masse, que la Russie et les débris de
la Prusse. Le reste nous obéissait. Une si
grande prépondérance devait porter le découragement chez nos ennemis, et j'ai pu croire,
sans trop de prévention, que j'avais fini mon
œuvre, et que j'avais placé mon trône à l'abri
des tempêtes.

Mon calcul était juste, mais les passions ne
calculent pas. L'apparence était cependant en
ma faveur. Le continent était tranquille, et
s'accoutumait à me voir régner. Il me le témoignait du moins par ses génuflexions. Elles
étaient si profondes qu'un plus habile y aurait
été trompé comme moi. Le respect qu'on

portait au sang de la maison d'Autriche légi-
timait mon règne aux yeux des souverains. Ma
dynastie prenait rang dans l'Europe , et je
sentais qu'on ne disputait plus le trône au fils
à qui l'Impératrice venait de donner le jour.

Il n'y avait plus de troubles qu'en Espagne ,
où les Anglais avaient porté de grandes forces.
Mais cette guerre ne me donnait pas d'inquiétude , parce que j'étais résolu d'être plus tenace
encore que les Espagnols , et qu'avec du temps
on vient à bout de tout.

L'empire était assez fort pour soutenir cette
guerre sans en être offensé. Elle n'empêchait
ni les embellissemens dont je décorais la France ,
ni les entreprises utiles qu'elle réclamait. L'administration s'améliorait. J'organisais les institutions qui devaient assurer la force de l'empire , en relevant une génération pour devenir
son appui.

L'obligation de maintenir le système continental amenait seule des difficultés avec les
gouvernemens dont le littoral facilitait la contrebande. Entre ces Etats la Russie se trouvait
dans une situation embarrassante : sa civilisation n'était pas assez avancée pour lui permettre
de se passer des produits de l'Angleterre. J'avais
exigé , cependant , qu'ils fussent prohibés :

c'était une absurdité, mais elle était indispensable pour compléter le système prohibitif. La
contrebande se faisait. Je l'avais prévu, parce
que le gouvernement russe surveille mal son
pays. Mais comme on passe moins facilement
par les portes fermées que par les portes ouver-
tes, la contrebande amène toujours beaucoup
moins de marchandises que la libre entrée. Je
remplissais ainsi les deux tiers de mon but.
Cependant je ne m'en plaignis pas moins. On
se justifia, on recommença. Nous nous ir-
ritions. Cette manière d'être ne pouvait pas
durer.

Nous devions en effet nous froisser avec la
Russie, depuis l'alliance que j'avais contractée
avec l'Autriche. La Russie devait savoir que
notre union politique ne pouvait plus avoir
d'autre ennemi qu'elle-même ; attendu que nous
étions maîtres de tout le reste. Il fallait donc
qu'elle se résignât à une complaisante nullité,
ou qu'elle essayât de nous tenir tête, et de
maintenir son rang. Elle était trop forte pour
consentir à n'être rien. Elle était aussi trop
faible pour nous résister ; mais dans cette al-
ternative il valait mieux mettre de la fierté
dans son attitude, que de se reconnaître d'a-
vance pour vaincue. Car ce dernier parti est

toujours le plus mauvais. La Russie se décida
pour le premier.

D'après cela je rencontrai inopinément de
la hauteur dans mes rapports avec Pétersbourg.
On me refusa de confisquer les contrebandes.
On se plaignit de l'occupation du pays d'Olden-
bourg. Je répondis sur le même ton. Il était
clair que nous allions nous brouiller ; car nous
n'étions endurans ni l'un ni l'autre , et nous
étions de force à nous mesurer.

J'avais une grande confiance dans l'issue de
cette guerre ; parce que j'avais conçu un plan
au moyen duquel j'espérais terminer, pour
toujours, la longue lutte dans laquelle j'avais
consumé ma vie. Il me semblait, d'ailleurs, que,
parvenu au point où nous en étions de notre
histoire, les souverains de l'Europe ne devaient
point prendre de part directe à ce dernier con-
flit ; car nos intérêts étaient devenus les mêmes.
La politique des princes devait pencher maintenant en ma faveur ; parce que mon métier
n'était plus d'ébranler les trônes, mais de les
raffermir. J'avais rendu de nouveau la royauté
formidable. En cela j'avais travaillé pour eux.
Ils étaient sûrs de régner par mon alliance,
également à l'abri de la guerre et des révolutions.

Cette politique était si grosse, que je crus les souverains assez clairvoyans pour l'apercevoir. Je ne me défiai pas d'eux. Qui aurait pu deviner, en effet, que, séduits par la haine qu'ils avaient pour moi, ils abandonneraient le parti du trône, et remettraient eux-mêmes la révolution dans leurs États, pour en être tôt ou tard les victimes?

J'avais calculé que la Russie était d'un trop gros volume pour qu'elle pût jamais entrer dans le système européen que je venais de refaire, et dont la France était le centre. Il fallait donc la remettre en dehors de l'Europe pour qu'elle ne gâtât pas l'unité de ce système. Il fallait donner à cette nouvelle démarcation politique des frontières assez solides pour résister au poids de toute la Russie. Il fallait remettre de force cet État dans la place qu'il occupait il y a cent ans.

Il n'y avait que la masse de mon empire qui fût assez vigoureuse pour tenter un pareil acte de violence politique. Mais je crois qu'il était possible, et je crois qu'il était l'unique moyen de mettre le monde à l'abri des Cosaques.

Pour faire réussir ce plan, il fallait refaire la Pologne sur une base étoffée, et battre les Russes pour leur faire accepter les frontières

8

qu'on allait tracer avec la pointe de l'épée. La
Russie aurait pu signer sans honte la paix qui
devait établir ces frontières ; parce qu'elle n'aurait rien eu d'outrageant pour elle. C'était un
aveu de sa force , un signe de crainte de notre
part.

Placée ainsi , par mes précautions , hors du
rayon de l'économie européenne ; séparée de
cette économie par trois cent mille gardiens ,
la Russie aurait renoué avec l'Angleterre : elle
aurait conservé son indépendance politique et
sa manière d'être dans leur intégrité ; parce
qu'elle nous aurait été aussi étrangère que le
royaume du Thibet.

Il n'y avait de raisonnable que ce plan. On
en regrettera tôt ou tard la ruine : car l'Europe ,
rangée par un consentement mutuel sous un
système unique , refondue sur le modèle que
demandait la disposition du siècle , aurait offert
le plus grand spectacle que l'histoire ait dé-
crit. Mais trop de préventions obstruaient les
yeux des souverains , pour qu'ils pussent voir
le danger là où il était. Ils crurent le voir là
où était le secours.

Je partis pour Dresde. Cette guerre allait
décider , sans retour , la question qui se débat-
tait depuis vingt ans , puisque cette guerre de-

vait être la dernière ; car au-delà de la Russie,
le monde finit. Nos ennemis n'avaient plus
qu'un moment : c'est pourquoi ils tentèrent leur
dernier effort. La cour d'Autriche commença
par déranger mes plans sur la Pologne, en
refusant de rendre ce qu'elle en avait pris (29).
Je crus être tenu à des égards pour elle, et
cette seule faiblesse a perdu mes affaires ; car
du moment que j'avais cédé sur ce point, il
me fut impossible d'aborder franchement la
question de l'indépendance polonaise. Je fus
obligé de morceler ce pays sur lequel devait
reposer la sécurité de l'Europe. Je donnai, par
ma faiblesse, du mécontentement, et surtout
de la défiance aux Polonais ; car ils virent que
je les sacrifiais à mes convenances. Je sentis
ma faute, et j'en eus honte. Je ne voulus plus
aller à Varsovie ; je n'y avais plus rien à faire
pour le moment. Je n'avais plus d'autre parti
à prendre que celui de confier aux victoires à
venir le sort de cette nation.

Je savais que la témérité réussit souvent : je
pensai qu'il me serait possible de faire en une

---

(29) L'auteur ne connaît pas *les articles secrets* du
traité d'alliance conclu à Paris au commencement de
1812. (N.)

8*

seule campagne ce que j'avais compté faire en deux. Cette promptitude me plaisait, car je commençais à avoir de l'inquiétude dans le caractère. J'étais à la tête d'une armée qui ne connaissait plus d'autres sentimens que celui de la gloire, et plus d'autre patrie que les champs de bataille. Au lieu d'assurer mon terrain, et d'avancer à coup sûr, je traversai la Pologne, et passai le Niémen. Je battis les armées qu'on m'opposa; je marchai sans relâche, et j'entrai dans Moskou.

Ce fut le terme de mes succès, et ç'aurait dû être celui de ma vie.

Maître d'une capitale que les Russes m'avaient remise en cendres, j'aurais dû croire que cet empire s'avouerait vaincu et qu'il accepterait les belles conditions de la paix que je lui fis proposer. Mais ce fut alors que la fortune abandonna notre cause. L'Angleterre conclut un traité entre la Russie et la Porte qui rendit l'armée russe disponible. Un Français, tombé par hasard sur le trône de Suède, trahit les intérêts de sa patrie, et s'allia avec ses ennemis, dans l'espoir de troquer la Finlande contre la Norwège.

Il traça lui-même le plan de défense de la Russie, et l'Angleterre empêcha qu'elle n'ac-

ceptât la paix. Je fus étonné des retards qu'é-
prouvait sa conclusion. La saison s'avançait.
Il devint évident qu'on ne voulait pas la paix.
Dès que j'en fus certain, j'ordonnai la retraite.
Les élémens la rendirent sévère. Les Français s'y acquirent de l'honneur, par la fermeté avec laquelle ils supportèrent ces revers.
Leur courage ne les a jamais quittés qu'avec
la vie.

Ébranlé moi-même par la vue de ce désas-
tre, j'ai eu besoin de me rappeler qu'un souverain ne doit jamais ni plier ni s'attendrir.

L'Europe était encore plus étonnée de mes
revers qu'elle ne l'avait été de mes succès. Mais
je ne devais pas me méprendre à sa stupeur.
Je venais de perdre la moitié de cette armée
qui avait fait sa terreur. On pouvait espérer
d'en vaincre les restes, car la proportion des
forces était changée. Je devais donc prévoir
que, le premier étonnement passé, j'allais
retrouver contre moi l'éternelle coalition dont
j'entendais déjà les cris de joie.

C'est un mauvais moment pour faire la paix,
que celui d'une défaite. Cependant l'Autriche,
qui se consolait de me voir baisser (puisque
sa part dans notre alliance en devenait meilleure), l'Autriche voulut proposer la paix.

Elle offrit sa médiation ; mais on n'en voulut pas : elle avait tué son crédit.

Il fallait donc vaincre de nouveau, et je fus sûr de mon fait lorsque je vis la France partager mon opinion. Jamais l'histoire n'a montré un grand peuple sous un plus beau jour. Affligé de ses pertes, il ne songea qu'à les réparer. En trois mois il en vint à bout. Ce seul fait répond aux clabauderies de ces hommes qui ne savent triompher que par les désastres de leur patrie.

La France me doit peut-être en partie l'attitude qu'elle conserva dans le malheur ; et s'il y a eu dans ma carrière un moment qui mérite l'estime de la postérité, ce doit être celui-là, car il me fut pénible à soutenir.

Je reparus ainsi, à l'ouverture de la campagne, aussi formidable que jamais. L'ennemi fut surpris de revoir sitôt nos aigles : l'armée que je commandais était plus belliqueuse qu'aguerrie; mais elle portait l'héritage d'une longue gloire, et je la menai à l'ennemi avec confiance. J'avais une grande tâche à remplir; il fallait refaire notre crédit militaire, et reprendre sous œuvre la lutte qui avait été près de se terminer. Je tenais encore l'Italie, la Hollande, et la plupart des places de l'Allemagne. Je n'avais perdu que peu de terrain ; mais l'Angleterre doublait ses efforts. La Prusse nous faisait la guerre par insurrection. Les princes de la confédération se tenaient prêts à marcher au secours du plus fort; et comme je l'étais encore, ils suivaient mes drapeaux, mais mollement. L'Autriche tâchait de garder la dignité des neutres; tandis qu'on courait l'Allemagne avec des brandons pour ameuter les peuples contre nous. Tout mon système était ébranlé.

Le sort du monde appartenait au hasard; car il n'y avait de plan arrêté nulle part. Il dépendait d'une bataille. La Russie devait décider la question; parce qu'elle se battait avec de grandes forces et de bonne foi.

J'attaquai l'armée prusso-russe, et je la battis trois fois.

Comme ce succès dérangeait les plans des favoris de l'Angleterre, on fit semblant d'abandonner tous les projets hostiles, et l'on chargea l'Autriche de me proposer la paix.

Les conditions en étaient supportables en apparence, et beaucoup d'autres à ma place les auraient acceptées. Car on ne demandait que la restitution des provinces Illyriennes et des villes anséatiques; la nomination de souverains indépendans dans les royaumes d'Italie et de Hollande; la retraite de l'Espagne, et le retour du pape à Rome. On devait me demander en outre de renoncer à la confédération du Rhin et à la médiation de la Suisse; mais on avait ordre de céder sur ces deux articles.

J'étais donc bien baissé dans l'opinion, puisque, après trois victoires, on osait m'offrir d'abandonner des États que les alliés n'osaient pas même menacer encore.

Si j'avais consenti à recevoir la paix, l'empire aurait déchu plus vite qu'il ne s'était élevé. Il restait, par ce traité, encore puissant sur la carte, mais il n'était plus rien dans le fait. L'Autriche, en s'élevant au rôle de médiateur, rompait notre alliance, et s'unissait à l'ennemi. En restituant les villes anséatiques, j'apprenais que je pouvais rendre, et tout le monde aurait voulu ravoir son indépendance. Je mettais l'insurrection dans tous les pays réunis. En abandonnant l'Espagne, j'encourageais toutes les résistances. En déposant la couronne de fer, je mettais en compromis celle de l'empire. Les chances de la paix m'étaient toutes funestes; celles de la guerre pouvaient me sauver.

Il faut le dire, de trop grands succès et de

trop grands revers avaient marqué mon histoire, pour qu'il me fût possible alors de remettre la partie à un autre jour. Il fallait que
la grande révolution du dix-neuvième siècle
s'achevât sans retour, ou qu'elle s'étouffât sous
un monceau de morts. Le monde entier était
en présence pour décider cette question. Si j'a-
vais signé la paix à Dresde, je l'aurais laissée
indécise, et il aurait fallu la reprendre plus
tard. Il aurait fallu recommencer cette longue
carrière de succès que j'avais déjà parcourue.
Il aurait fallu la recommencer, lorsque je n'é-
tais plus jeune, avec un empire fatigué, auquel j'avais promis la paix, et qui m'aurait
blâmé de ne l'avoir pas acceptée.

Il valait donc mieux profiter d'un moment
unique, où la destinée du monde ne tenait
plus qu'à une seule bataille; car on me l'aurait abandonné, si je l'avais gagnée.

Je refusai la paix. Comme chacun voit par
ses yeux, l'Autriche ne vit que mon impru-
dence, et crut le moment favorable pour se
ranger avec mes ennemis. Je ne fus cependant
convaincu de cette défection qu'au dernier
moment; mais j'étais en mesure de la soutenir. Mon plan de campagne était fait. Il aurait produit un résultat décisif.

L'inconvénient des grandes armées, c'est que le général ne peut être partout. Mes manœuvres étaient, je crois, les meilleures que j'aie combinées; mais le général Vandamme quitta sa position, et se fit prendre, croyant se faire maréchal de l'empire. Macdonald manqua de se noyer dans des débordemens. Le maréchal Ney se laissa franchement battre; mon plan fut renversé dans quelques heures.

J'étais battu : j'ordonnai la retraite ; j'étais encore assez fort pour reprendre l'offensive, en changeant de terrain. Je ne voulus pas perdre l'avantage des places que j'occupais, puisqu'avec une seule victoire, je me retrouvais maître du nord jusqu'à Dantzick. Je renforçai, au contraire, mes garnisons, en leur ordonnant de tenir jusqu'à l'extrémité. En cela elles ont exécuté mes ordres.

Je me retirais lentement (30) avec une masse imposante; mais je me retirais, et les ennemis me suivaient en se grossissant : car rien n'augmente les bataillons comme le succès. Toute l'inimitié que le temps avait amas-

---

(30) L'auteur de cet ouvrage n'a jamais été présent à aucune bataille. Napoléon a livré 50 batailles rangées, et les a toutes gagnées, excepté deux. (N.)

sée, se soulevait à la fois. Les Allemands voulaient se venger des maux de la guerre : le
moment était propice; j'étais battu. Comme
je l'avais prévu, les ennemis sortaient de terre.
Je les attendis à Leipsick, dans ces mêmes
plaines où ils avaient été battus peu auparavant.

Notre position n'était pas bonne, parce que
nous étions attaqués en demi-cercle. La victoire même ne pouvait pas avoir de grands
résultats pour nous. Nous eûmes en effet l'a-
vantage le premier jour; mais sans pouvoir
reprendre l'offensive. C'était donc une bataille
nulle, et il fallut la recommencer. L'armée
se battait bien malgré sa lassitude; mais alors,
par un acte que la postérité désignera comme
elle voudra, les alliés qui se battaient dans
nos rangs tournèrent inopinément leurs armes
contre nous, et nous fûmes vaincus.

Nous reprîmes le chemin de la France. Mais
une si grande retraite ne put pas se faire sans
désordre. L'épuisement, la faim, firent périr
beaucoup de monde. Les Bavarois, après avoir
déserté nos drapeaux, voulurent nous empêcher de revenir en France. Les Français pas-
sèrent sur leurs cadavres, et rentrèrent à
Mayence. Cette retraite coûta autant de monde
que celle de Russie.

Nos pertes étaient si grandes, que j'en fus moi-même consterné. La nation en fut abattue. Si les ennemis avaient poursuivi leur marche, ils seraient entrés avec notre arrière-garde dans Paris. Mais l'aspect de la France les intimida. Ils regardèrent long-temps nos frontières, avant d'oser les franchir.

Il ne s'agissait plus alors de là gloire, mais de l'honneur de la France : c'est pourquoi je comptais sur les Français. Mais je n'étais plus heureux ; je fus mal servi. Je n'en accuse pas ce peuple, toujours prêt à verser son sang pour sa patrie. Je n'en accuse pas la trahison ; car il est plus difficile de trahir qu'on ne croit. Je n'en accuse que ce découragement, fruit ordinaire du malheur. Je n'en fus pas exempt moi-même. L'homme découragé reste indécis, parce qu'il ne voit devant lui que de mauvais partis, et ce qu'il y a de pire dans les affaires c'est l'indécision.

J'aurais dû me défier davantage de cet abâtardissement général, et pourvoir à tout par moi-même. Mais je me confiai à un ministère épouvanté, où tout s'exécutait mal. Les places fortes n'étaient ni réparées ni munies, parce qu'elles n'avaient pas été menacées depuis vingt ans. Le zèle des paysans y pourvut; mais la plupart des commandans étaient de vieux infirmes qu'on avait mis là pour se reposer. La plupart de mes préfets étaient timides, et ne songèrent qu'à emballer au lieu de se défendre. J'aurais dû les changer à temps pour n'avoir en première ligne que des hommes intrépides : si tant est qu'on en trouve dans ceux qui ont à perdre.

Rien n'était encore prêt pour notre défense, lorsque les Suisses livrèrent aux alliés le passage du Rhin. Malgré leurs victoires, les ennemis n'avaient pas osé l'aborder de front, et ils ne s'avancèrent qu'à pas de loup. Ils étaient effrayés de marcher sans obstacle sur cette terre qu'ils croyaient hérissée de baïonnettes. Ils ne rencontrèrent nos avant-gardes qu'à Langres. Alors commença cette campagne, trop connue pour que je la répète; mais qui laissera un nom immortel à cette poignée de braves, qui ne désespérèrent pas du salut de la France. Ils me rendirent de la confiance, et je crus, à trois reprises, que rien n'était impossible avec de tels soldats.

J'avais encore une armée en Italie, et de fortes garnisons dans le Nord. Mais je n'avais pas le temps de les faire venir à mon secours. Il fallait vaincre sur place. Le sort de l'Europe s'était concentré sur moi seul. Il n'y avait d'important que le point où j'étais.

Les alliés m'offraient la paix, tant ils se défiaient de leurs succès. Après l'avoir refusée à Dresde, je ne pouvais pas l'accepter à Châtillon. Pour faire la paix, il fallait sauver la France, et replanter nos aigles sur le Rhin.

Après une telle épreuve, nos armes auraient été réputées invincibles. Nos ennemis auraient tremblé devant cette fatalité qui me donnait la victoire. Maître encore du Midi et du Nord par mes garnisons, une seule bataille me rendait mon ascendant. J'aurais eu la gloire des revers, comme celle des victoires.

Ce résultat était prêt ; mes manœuvres avaient réussi. L'ennemi était tourné : il perdait la tête. Une émeute générale allait en finir. Il ne fallait plus qu'un moment. Mais ma perte était décidée. Un courrier, que j'avais imprudemment adressé à l'impératrice, tomba dans les mains des alliés. Il leur fit voir qu'ils étaient perdus. Un Corse, qui se trouvait dans leur conseil, leur apprit que la prudence était plus dangereuse que l'audace. Ils prirent le seul parti que je n'avais pas prévu, parce que c'était le seul bon. Ils gagnèrent l'avance, et marchèrent sur Paris.

On avait promis de leur en faciliter l'entrée, mais cette promesse aurait été illusoire, si j'avais remis la défense de Paris en de meilleures mains. Je m'étais confié à l'honneur de la nation, et j'avais laissé follement en liberté ceux que je connaissais pour en être dépourvus. J'arrivai trop tard à son secours, et cette ville, qui n'a su défendre ni ses souverains ni ses murailles, avait ouvert ses portes à l'étranger.

J'ai accusé le général Marmont de m'avoir trahi. Je lui rends justice aujourd'hui. Aucun soldat n'a trahi la foi qu'il devait à son pays. C'est dans une autre classe qu'on a trouvé des lâches. Mais je ne fus pas maître d'un premier mouvement de douleur, en voyant la capitulation de Paris signée par mon plus ancien frère d'armes.

La cause de la révolution était perdue puisque j'étais vaincu. Ce n'étaient ni les royalistes, ni les poltrons, ni les mécontens, qui m'avaient renversé : c'étaient les armées ennemies. Les alliés étaient maîtres du monde, puisque je ne leur disputais plus cet empire.

J'étais à Fontainebleau, entouré d'une troupe fidèle, mais peu nombreuse. J'aurais pu tenter encore avec elle le sort des combats, car elle était capable d'actions héroïques. Mais la France aurait payé trop cher le plaisir de cette vengeance. Elle aurait eu le droit de m'accuser de ses maux. Je veux qu'elle ne m'accuse que de la gloire où j'ai porté son nom. Je me résignai.

On vint me proposer des abdications. Pour ma part, je trouvai que c'était une momerie. J'avais abdiqué le jour où j'avais été battu. Mais cette formule pouvait servir un jour à mon fils. Je n'hésitai pas à la signer.

Un parti nombreux aurait souhaité que cet enfant montât sur le trône, pour conserver la révolution avec ma dynastie. Mais la chose était impossible. Les alliés n'avaient pas même de choix ; ils étaient obligés de rappeler les Bourbons. Chacun s'est vanté d'avoir opéré leur retour. Ce retour était forcé. Il était la conséquence immédiate des principes pour lesquels on se battait depuis vingt ans. En prenant la couronne, j'avais mis les trônes à l'abri des peuples. En la rendant aux Bourbons, on les mettait à l'abri des soldats heureux. C'était donc la seule manière d'éteindre sans retour le feu révolutionnaire. L'appel de tout autre souverain sur le trône de France, n'aurait été autre chose qu'une sanction solennelle de la

révolution, c'est-à-dire un acte insensé dans
l'intérêt des souverains.

Je dirai plus, le retour des Bourbons était
un bonheur pour la France. Il la sauvait de
l'anarchie, et lui promettait le repos, parce
qu'il lui assurait la paix. Elle était forcée entre
les alliés et les Bourbons, parce qu'ils se servaient mutuellement de garantie. La France
n'était pas complice de cette paix, parce qu'elle
ne se traitait pas en sa faveur, mais pour le
profit de la famille qu'il convenait aux alliés
de remettre sur le trône. C'était un traité où
l'on voulait faire bonne part à tout le monde.
C'était donc la meilleure manière dont la
France pût se tirer de la plus grande défaite
qu'une nation guerrière ait jamais éprouvée.

J'étais prisonnier (31). Je m'attendais à être
traité comme tel. Mais soit par cette sorte de
respect qu'inspire un vieux guerrier, soit par
l'esprit de générosité qui a présidé à cette révolution, on me proposa de choisir un asile.
Les alliés me cédèrent une île et un titre, qu'ils
regardèrent comme aussi vains l'un que l'autre.

---

(31) Napoléon, à Fontainebleau, avait encore à sa
disposition plusieurs armées, et toutes les places fortes
de France et d'Italie.   (N.)

Ils me permirent, (et en cela leur générosité
fut pleine de noblesse,) ils me permirent d'a-
mener avec moi un petit nombre de ces vieux
soldats avec lesquels j'avais couru tant de fortunes. Ils me permirent d'amener avec moi
quelques-uns de ces hommes que le malheur ne
décourage pas.

Séparé de ma femme et de mon fils, contre
toutes les lois divines et humaines , je me re-
tirai dans l'île d'Elbe, sans aucune espèce de
projets pour l'avenir. Je n'étais plus qu'un des
spectateurs du siècle. Mais je savais, mieux
que personne, en quelles mains l'Europe allait
tomber. Je savais d'après cela qu'elle serait
menée par le hasard. Les chances de ce hasard
pouvaient me remettre en jeu. Cependant
l'impuissance d'y contribuer m'empêchait de
former des plans, et je vivais comme étranger
à l'histoire. Mais la marche des événemens se
précipita plus que je ne croyais, et je fus surpris par eux dans ma retraite.

Je recevais les journaux : ils m'apprenaient
le gros des affaires ; je tâchai d'en saisir l'esprit à travers leurs mensonges.

Il me parut évident que le roi avait connu
le secret de notre siècle. Il avait su que la majorité de la France voulait la révolution. Il

savait, par vingt-cinq ans d'expérience, que son parti était trop faible pour résister à cette majorité. Il savait que la majorité finit par faire la loi. Il fallait donc pour régner qu'il régnât avec la majorité, c'est-à-dire avec la révolution. Mais pour n'être pas révolutionnaire lui-même, il fallait que le roi refît la révolution comme à neuf, en vertu du droit divin qui lui était départi.

Cette idée était ingénieuse ; elle rendait les Bourbons révolutionnaires en sûreté de conscience, et rendait les révolutionnaires royalistes, en maintenant leurs intérêts et leurs opinions. Il ne devait donc plus y avoir qu'un cœur et qu'une ame dans toute la nation. C'est ce qu'on répétait, mais ce qui n'était pas vrai.

Il y avait cependant tant de bonheur dans cette combinaison, que la France, sous ce régime, aurait été florissante en peu d'années. Le roi aurait résolu, en un trait de plume, le problème pour lequel j'avais combattu pendant vingt ans, puisqu'il établissait la nouvelle économie politique en France, et la faisait reconnaître, sans contestation, de toute l'Europe. Il ne lui fallait, pour réussir, que de savoir être maître chez lui.

Pour opérer ce grand œuvre, le roi avait donné une Charte, jetée sur le moule où l'on fait toutes les Chartes. Elle était excellente, parce qu'elles le sont toutes quand on les fait marcher. Mais comme les Chartes ne sont que des feuilles de papier, elles n'ont de valeur que par l'autorité qui se charge de les défendre. Or, cette autorité ne se plaça nulle part. Au lieu de se réunir dans les seules mains qui en étaient responsables, le roi la laissa s'éparpiller dans tout le parti qui portait son nom. Au lieu d'être l'unique chef de l'État, il se laissa constituer en chef de parti. Tout prit en France une couleur factieuse. L'anarchie s'y mit.

Dès-lors il n'y eut plus que de l'inconséquence et de la contradiction dans le système de la cour. Les mots n'allaient jamais aux choses, parce qu'on voulait, au fond du cœur, autre chose que ce qui était.

Le roi avait donné la Charte pour empêcher qu'on ne la prît; mais il était évident que, le premier moment passé, les royalistes espéraient la retirer brin à brin, parce qu'au fond elle ne leur allait pas.

Il ne se posait donc que des pierres d'attente dans l'édifice du gouvernement. On avait refait

la noblesse, mais on ne lui avait donné ni
des prérogatives ni du pouvoir. Elle n'était
pas démocratique, parce qu'elle était exclusive. Elle n'était pas aristocratique, puisqu'elle
n'était rien dans l'État. C'était donc un mauvais service qu'on avait rendu à la noblesse,
en la remettant sur pied de cette manière. Car
on l'avait mise en prise, parce qu'elle était
offensante, sans lui donner aucun moyen de
se défendre. C'était un contre-sens qui devait
amener des froissemens continuels.

On voulait refaire le clergé; mais on choisit
un évêque défroqué pour relever le trône et
l'autel.

On voulait passer l'éponge sur la révolution,
mais on exhumait ses cadavres.

On voulait faire marcher la révolution de 89
avec les royalistes, et la contre-révolution du
31 mars avec des ex-conventionnels. Ils faisaient également mal leur devoir; parce qu'on
ne fait marcher des révolutions qu'avec les
hommes qui sont nés avec elles. Le roi n'aurait dû se servir que de gens de vingt ans.

On voulait maintenir la révolution, et l'on
avilissait ses institutions. On décourageait par-
là la masse de la nation, qui avait été élevée
avec elles, et s'était accoutumée à les respecter.

On gardait mes soldats , parce qu'on en
avait peur , et on les faisait passer en revue
par des gens qui parlaient de gloire en saluant
des cosaques.

Personne ne prenait confiance dans ce qui
existait , parce qu'on n'y voyait de points
d'appui nulle part. Ils n'étaient pas dans les
intérêts , puisqu'ils étaient tous compromis ;
ni dans les opinions , puisqu'elles étaient toutes
froissées ; ni dans la force , puisqu'il n'y avait
à la tête des affaires ni bras ni volonté.

J'étais assez bien informé de ce qui se passait
à Vienne , dans ce congrès , où l'on s'amusait
à me singer. Je sus à temps que les ministres
de France avaient décidé le congrès à m'enlever de l'île d'Elbe , pour m'exiler à Sainte-
Hélène. J'eus quelque peine à croire que
l'empereur de Russie eût consenti à manquer
si vite à la foi des traités ; car j'ai toujours eu
beaucoup d'estime pour son caractère , mais
enfin j'acquis cette certitude , et je pensai à me
soustraire au sort qu'on me destinait.

Mes faibles moyens de défense auraient été
bientôt anéantis. Je devais donc essayer de m'en
créer d'assez grands pour me rendre une seconde fois redoutable à mes ennemis.

La France n'avait point de confiance dans son

gouvernement. Le gouvernement n'en avait
point dans la France. La nation avait senti que
ses intérêts n'étaient pas ceux du trône ; que
ceux du trône n'étaient pas les siens. C'était
une trahison mutuelle qui devait perdre l'un
ou l'autre. Il était temps de la prévenir , et je
conçus un projet qui paraîtra audacieux dans
l'histoire , et qui n'était que raisonnable en
réalité..

Je pensai à remonter sur le trône de France.
Quelque faibles que fussent mes forces , elles
étaient encore plus grandes que celles des
royalistes ; car j'avais pour allié l'honneur de
la patrie , qui ne périt jamais dans le cœur des
Français.

Je me confiai dans cet appui. Je passai en
revue cette petite troupe à laquelle je destinais
une si grande entreprise. Ces soldats étaient
mal vêtus , car je n'avais pas eu de quoi les
équiper à neuf. Mais ils avaient des cœurs
intrépides..

Mes préparatifs ne furent pas longs , car je
n'emportais que des armes. Je pensai que les
Français nous donneraient de tout. Le colonel
anglais qui séjournait près de moi , avait été
se divertir à Livourne, et je mis à la voile par
un bon vent.

Notre petite flotille n'éprouva pas d'accident. Notre traversée dura cinq jours (32). Je revis la côte de France près de la même plage où j'avais pris terre quinze ans auparavant, à mon retour d'Egypte. La fortune semblait me sourire comme alors : comme alors je revenais sur cette terre de la gloire, pour relever ses aigles, et lui rendre son indépendance.

Je débarquai sans obstacle. Je me retrouvai en France. J'y revenais malheureux. Mon cortége ne consistait qu'en un petit nombre d'amis et de frères d'armes, qui avaient partagé avec moi le bonheur et l'adversité. Mais c'était une raison pour attirer le respect et l'amour des Français.

Je n'avais point de plan déterminé, parce que je n'avais que des données vagues sur l'état des choses. J'attendais mes décisions des événemens. J'avais seulement quelques partis pris pour des cas probables.

Je n'avais qu'une seule route à tenir, parce qu'il me fallait un point d'appui. Grenoble était la place forte la plus voisine. Je marchai donc sur Grenoble aussi vite que possible,

---

(32) La traversée de l'île d'Elbe au golfe de Juan, dura 60 heures.   (N.)

parce que je voulais savoir à quoi m'en tenir sur mon entreprise. L'accueil que je reçus sur ma route dépassa mon attente, et confirma mon projet. Je vis que la portion du peuple, qui n'était corrompue ni par des passions ni par des intérêts, conservait un caractère mâle que l'humiliation blessait.

Je découvris enfin les premières troupes qu'on avait fait marcher contre moi. C'étaient de mes soldats. Je m'avançai sans crainte, tant j'étais sûr qu'ils n'oseraient faire feu sur moi. Ils revoyaient leur empereur marchant à la tête de ces vieux maîtres de la guerre, qui leur avaient si souvent tracé le chemin du combat. J'étais le même encore, puisque je leur rapportais l'indépendance avec mes aigles.

Qui n'aurait pu croire que des soldats français balanceraient un moment entre des sermens officiels prêtés sous les drapeaux de l'étranger, et la foi qu'ils avaient jurée à celui qui venait pour affranchir leur patrie ?

Le peuple et les soldats me reçurent avec les mêmes cris de joie. Je n'avais que ces cris pour cortége ; mais ils valaient mieux que toutes les pompes, car ils me promettaient le trône.

Je m'attendais à trouver quelque résistance de la part des royalistes ; mais je me trompais :

ils ne m'en opposèrent aucune, et j'entrai dans Paris sans les apercevoir, si ce n'est aux fenêtres. Jamais entreprise, plus téméraire en apparence, ne coûta moins de peine à exécuter : c'est qu'elle était conforme au vœu de la nation, et que tout devient facile quand on suit l'opinion.

La révolution fut terminée en vingt jours, sans avoir coûté une seule goutte de sang. La France avait changé d'aspect. Les royalistes allèrent crier au secours chez les alliés. La nation rendue à elle-même reprit de la fierté. Elle était libre, puisqu'elle venait de faire, en me replaçant sur le trône, le plus grand acte de spontanéité qui appartienne aux peuples. Je n'y étais aussi que par son vœu, car je ne l'aurais pas conquise avec mes six cents soldats. Elle ne me redoutait plus comme prince. Elle m'aimait comme son sauveur. La grandeur de mon entreprise avait effacé mes revers ; elle m'avait rendu la confiance des Français. J'étais de nouveau l'homme de leur choix.

Jamais aussi la totalité d'une nation ne s'est exposée à la situation la plus dangereuse avec tant d'abandon et d'intrépidité. Elle n'en a calculé ni le péril ni les conséquences. L'amour de l'indépendance enflammait ce peuple, que l'histoire placera avant tous les autres.

J'avais refusé la paix qu'on m'offrait à Châtillon, parce que j'étais sur le trône de France, et qu'elle me faisait descendre trop bas. Mais je pouvais accepter celle qu'on avait accordée aux Bourbons, parce que je venais de l'île d'Elbe, et l'on peut s'arrêter quand on monte; jamais quand on descend.

Je crus que l'Europe, étonnée de mon retour et de l'énergie du peuple français, craindrait de recommencer la guerre avec une nation dont elle voyait la témérité, et avec un homme dont le caractère était plus fort, à lui seul, que toutes ses armées.

Il en aurait été ainsi, si le congrès eût été séparé, et que nous eussions traité avec les souverains un à un. Mais leur amour-propre s'échauffa, parce qu'ils étaient en présence, et mes efforts pour maintenir la paix n'aboutirent à rien.

J'aurais dû prévoir ce résultat, et profiter sans retard du premier élan du peuple, pour montrer à quel point nous étions redoutables. L'ennemi aurait pâli devant notre audace. Il ne vit que de la faiblesse dans mon tâtonne-

ment. Il avait raison, car je n'agissais plus
d'après mon caractère.

Mon attitude pacifique endormit la nation (33), parce que je lui laissai croire que
la paix était possible. Dès-lors mon système
de défense fut perdu, parce que les moyens
de résistance restèrent au-dessous du danger.

Il fallait recommencer une révolution pour
me donner toutes les ressources qu'elles créent.
Il fallait remuer toutes les passions pour profiter de leur aveuglement. Sans cela je ne pouvais pas sauver la France.

J'en aurais été quitte pour régulariser cette

_____

(33) On ne peut dire que Napoléon qui, pendant
trois mois, travailla tous les jours quinze ou seize
heures, se soit endormi. Jamais, à aucune époque de
l'histoire des nations, on ne fit tant de choses en
deux mois. Il fallait armer et avitailler de nouveau
cent places fortes, et éteindre la guerre civile à
Marseille, à Bordeaux, et dans la Vendée. De 80,000
hommes, l'armée fut portée à 500,000, dont 200,000,
qui n'étaient ni habillés, ni complètement organisés,
furent réunis dans les places fortes pour en former les
garnisons, et par ce moyen rendre disponibles les
troupes de ligne. En juin, 220,000 hommes de troupes
de ligne étaient prêts à se battre, et 80,000 non habillés se formaient dans les dépôts. Ces 220,000 hommes
formaient d'abord l'armée du nord, composée des

seconde révolution, comme je l'avais fait de la première; mais je n'ai jamais aimé les orages populaires, parce qu'il n'y a point de bride pour les mener, et je me suis trompé en

---

premier, second, troisième, quatrième et sixième corps de la garde impériale, et de la cavalerie de réserve.

Corps principal.	120,000
3ᵉ corps en Alsace.	25,000
7ᵉ *id.* à Chambéry.	25,000
— — — La Vendée.	25,000
4ᵉ corps d'observation à Béfort, pour Toulouse, Bordeaux.	25,000
	220,000

La cavalerie fut remontée et fut portée d'environ 14,000 à 40,000, et l'artillerie de 2,000 chevaux à 30,000. On établit des manufactures d'armes, qui, par leurs produits, surpassaient de beaucoup toutes celles qui avaient été formées pendant la révolution. La nation, loin d'être endormie, ne montra jamais plus d'énergie, mais elle aurait eu besoin d'un mois de plus. Encore un mois, et l'armée de ligne aurait compté 80,000 hommes de plus; la moitié des troupes qui se formaient dans les places fortes, aurait été en état de se joindre aux troupes de ligne, dont le nombre se serait alors élevé à 400,000 hommes; 100,000 dans les places fortes, et 300,000 qu'on levait dans les départemens, et qui avaient déjà commencé à arriver dans les dépôts. (N.)

croyant qu'on pouvait défendre les Thermo-
pyles en chargeant ses armes en douze
temps (34).

   J'ai voulu faire cependant une partie de cette

---

(34) Napoléon entra dans Paris dans la soirée du 20
mars. Le 24, le comte d'Artois congédia la garde à
Béthune. Le premier avril le drapeau tricolore flottait
à Lille, et dans tout le nord de la France. Louis XVIII
s'établit à Gand. Le 8 avril, le duc d'Angoulême
passa de vive force le pont de la Drôme, et entra à
Valence. Le 12, il fut fait prisonnier, et remis
ensuite en liberté par ordre de Napoléon. Le 10 avril,
Marseille se soumit, et arbora le drapeau tricolore.
Le 20 du même mois, cent coups de canon annon-
cèrent à la France que le drapeau impérial flottait sur
tout son territoire. Le 15 juin, c'est-à-dire six
semaines après la pacification, Napoléon commença
les hostilités, et passa la Sambre ; ce qu'il aurait fallu
faire un mois plus tôt, c'est-à-dire le 15 mai.
Cependant la France se flattait alors de la continuation
de la paix, et l'opinion nationale se serait prononcée
toute entière contre une attaque si prématurée.
D'ailleurs la troupe de ligne ne suffisait pas alors pour
garder les places fortes, surtout celles situées sur la
frontière du nord, sans courir grand risque de les
perdre. Il n'aurait pas été possible d'entrer dans la
Belgique avec plus de 40,000 hommes : lord Wellington et Blucher en avaient déjà plus de 180,000 ; ils
auraient donc été quatre contre un. Quand on attaqua à la mi-juin, on avait 120,000 hommes. Lord

révolution ; comme si je n'avais pas su que les demi-partis ne valent rien. J'offris à la nation de la liberté, parce qu'elle s'était plainte d'en avoir manqué sous mon premier règne. Cette

---

Wellington et Blucher en avaient environ 220,000. Les choses étaient changées, et ils n'étaient plus que deux contre un, en supposant leurs forces réunies. Si Napoléon avait différé l'attaque, il aurait eu une armée plus forte et mieux organisée ; mais il avait appris, et il avait cru que les armées russes et autrichiennes, fortes de 400,000 hommes, attaqueraient le 1er juillet. Il avait dessein de battre séparément les armées de l'Angleterre et de la Prusse. Cela était bien entendu. Les opérations des 13, 14, 15, 16 et 17 juin furent habilement conduites. D'abord, lord Wellington et Blücher furent surpris et attaqués en détail ; Blücher fut battu, et lord Wellington obligé à faire retraite. L'inconcevable lenteur de Grouchy causa la perte de la bataille de Waterloo, que 69 à 70 mille Français avaient gagnée jusqu'à cinq heures du soir, contre environ 36,000 Anglais, 44,000 Belges et Hanovriens, et 30,000 Prussiens du corps de Bulow, quand les 32,000 hommes des deux corps de Blucher, le premier et le quatrième, arrivèrent sur le champ de bataille, ce que Grouchy eut la maladresse de ne pas faire. Les forces des ennemis consistaient donc en 146,000 hommes contre 67,000. Indépendamment des fautes commises par Grouchy, beaucoup d'autres causes eurent une grande influence sur la fortune de cette journée. Dans d'autres temps, les Français, quoique si inférieurs

liberté produisit son effet ordinaire. Elle mit
les paroles à la place des actions. La caste impériale se dégoûta, parce que j'ébranlais le système auquel elle avait attaché ses intérêts. La
foule de la nation leva les épaules, parce qu'elle
se soucie fort peu de la liberté. Les républicains se défièrent de mon allure, parce qu'elle
n'était pas dans ma nature.

Je mis ainsi moi-même la désunion dans
l'État. Je m'en aperçus, mais je comptais sur
la guerre pour le rallier. La France venait de
se relever avec tant de fierté; elle avait montré tant de mépris pour l'avenir; sa cause était
si juste (puisque c'était le droit le plus sacré
des nations), que j'espérai voir prendre les
armes à tout le peuple par un seul cri d'honneur
et d'indignation. Mais il était trop tard.

Je sentis le danger de ma position. Je me-
surai l'attaque et la défense. Elles n'étaient pas

---

en nombre, auraient remporté la victoire, et ce ne
fut que la bravoure obstinée et indomptable des troupes anglaises *seules* (*), qui les en empêcha. Le monde
en connaîtra quelque jour les autres causes.   (N.)

(*) Des personnes qui ont eu l'honneur de vivre à Sainte-Hélène dans l'in-
timité de Napoléon, nous ont assuré que par ce passage il voulait dire que le
succès de Waterloo était dû à la bravoure des soldats anglais, et non aux dispositions du général en chef.   (*Note de l'Editeur.*)

en proportion. Je commençai à me défier de
mes moyens; mais ce n'était pas le moment
de le dire. Par un hasard malheureux, ma
santé se dérangea aux approches de la dernière
crise. Je n'avais plus qu'une ame ébranlée dans
un corps souffrant. Les armées s'avançaient.
Dans la mienne il y avait du dévouement et de
l'enthousiasme dans le soldat. Mais il n'y en
avait plus dans leurs chefs. Ils étaient fatigués;
ils n'étaient plus jeunes; ils avaient beaucoup
fait la guerre; ils avaient des terres et des palais. Le roi leur avait laissé leurs fortunes et
leurs places. Ils venaient comme des aventu-
riers les risquer de nouveau avec moi. Ils re-
commençaient leur carrière; et quelque amour
qu'on ait pour la vie, on n'aime pas à y repasser deux fois; c'était peut-être trop exiger
de la nature humaine.

Je partis pour le quartier-général, seul
contre le monde entier. J'essayai de le combattre. La victoire nous fut fidèle le premier
jour; mais elle nous trompa le lendemain.
Nous fûmes vaincus, et la gloire de nos armes
vint finir dans les mêmes champs où elle avait
commencé vingt-trois ans auparavant.

J'aurais pu me défendre encore, car mes
soldats ne m'auraient pas abandonné; mais on

n'en voulait qu'à moi seul. On demandait aux
Français de me livrer aux ennemis : c'était leur
demander une lâcheté pour les forcer à se
battre. Je ne valais pas un si grand sacrifice.
C'était à moi à me démettre. Je n'avais pas
même de choix. Décidé à me rendre aux ennemis, j'espérais qu'ils se contenteraient de
l'ôtage que j'allais mettre dans leurs mains, et
qu'ils placeraient la couronne sur la tête de
mon fils.

Il était impossible de mettre cet enfant sur
le trône en 1814 ; la chose était je crois conve-
nable en 1815. Je n'en dis pas les motifs ; l'a-
venir les dévoilera peut-être.

Je n'ai quitté la France qu'au moment où
l'ennemi s'est approché de ma retraite. Tant
qu'il n'y eut que des Français autour de moi,
j'ai voulu rester au milieu d'eux seul et dé-
sarmé ; c'était la dernière preuve de confiance
et d'affection que je pouvais leur donner.
C'était un grand témoignage que je rendais à
leur loyauté à la face du monde.

La France a respecté dans moi le malheur,
jusqu'au moment où j'ai quitté pour jamais
son rivage. J'aurais pu passer en Amérique,
et promener ma défaite dans le nouveau
monde ; mais après avoir régné sur la France,

il ne fallait pas avilir son trône en cherchant d'autre gloire.

Prisonnier sur un autre hémisphère, je n'ai plus à défendre que la réputation que l'histoire me prépare. Elle dira qu'un homme pour qui tout un peuple s'est dévoué, ne devait pas être si dépourvu de mérite que ses contemporains le prétendent.

FIN.

DE L'IMPRIMERIE DE BAUDOUIN FRÈRES,
RUE DE VAUGIRARD, N° 36.

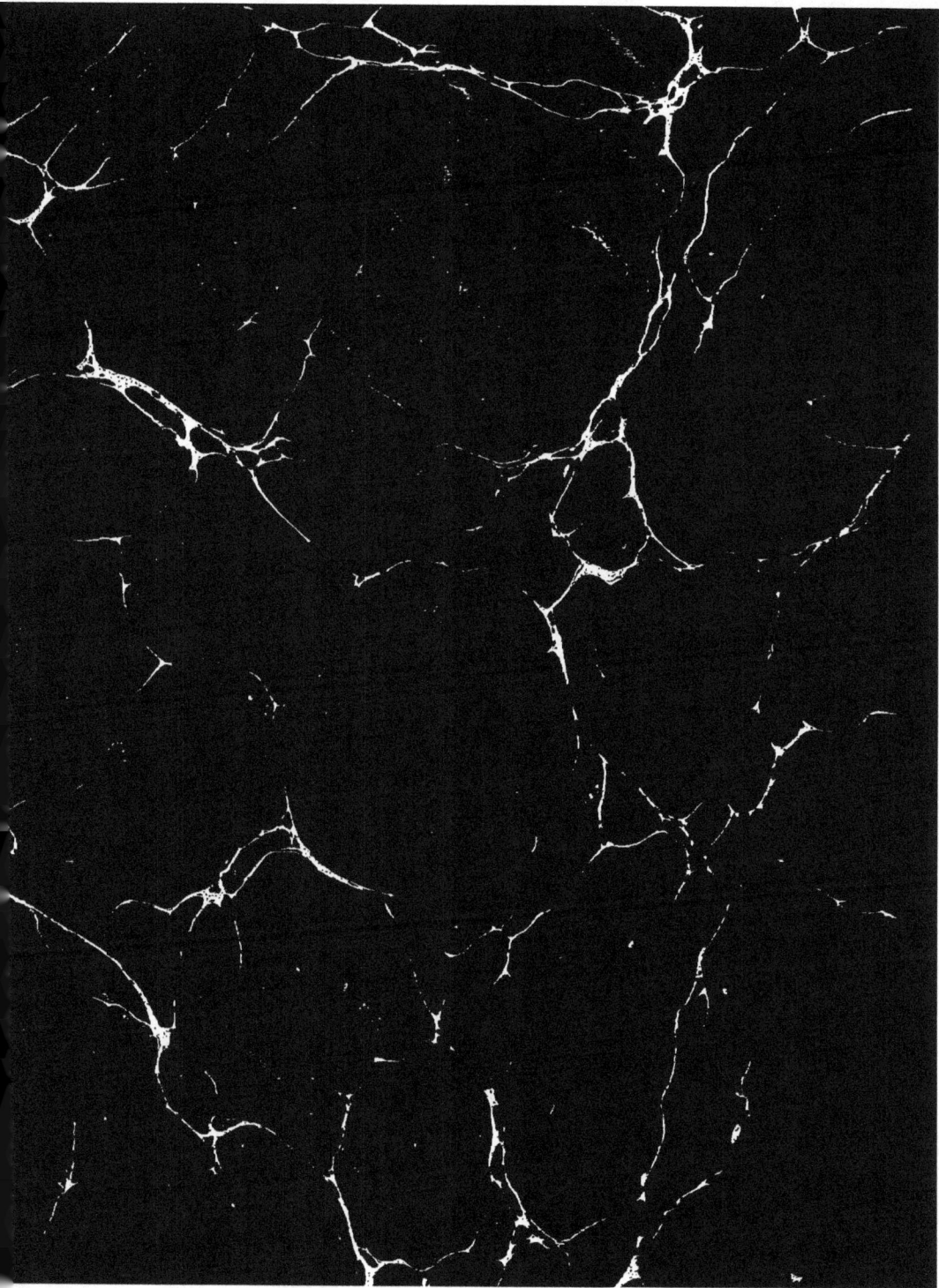

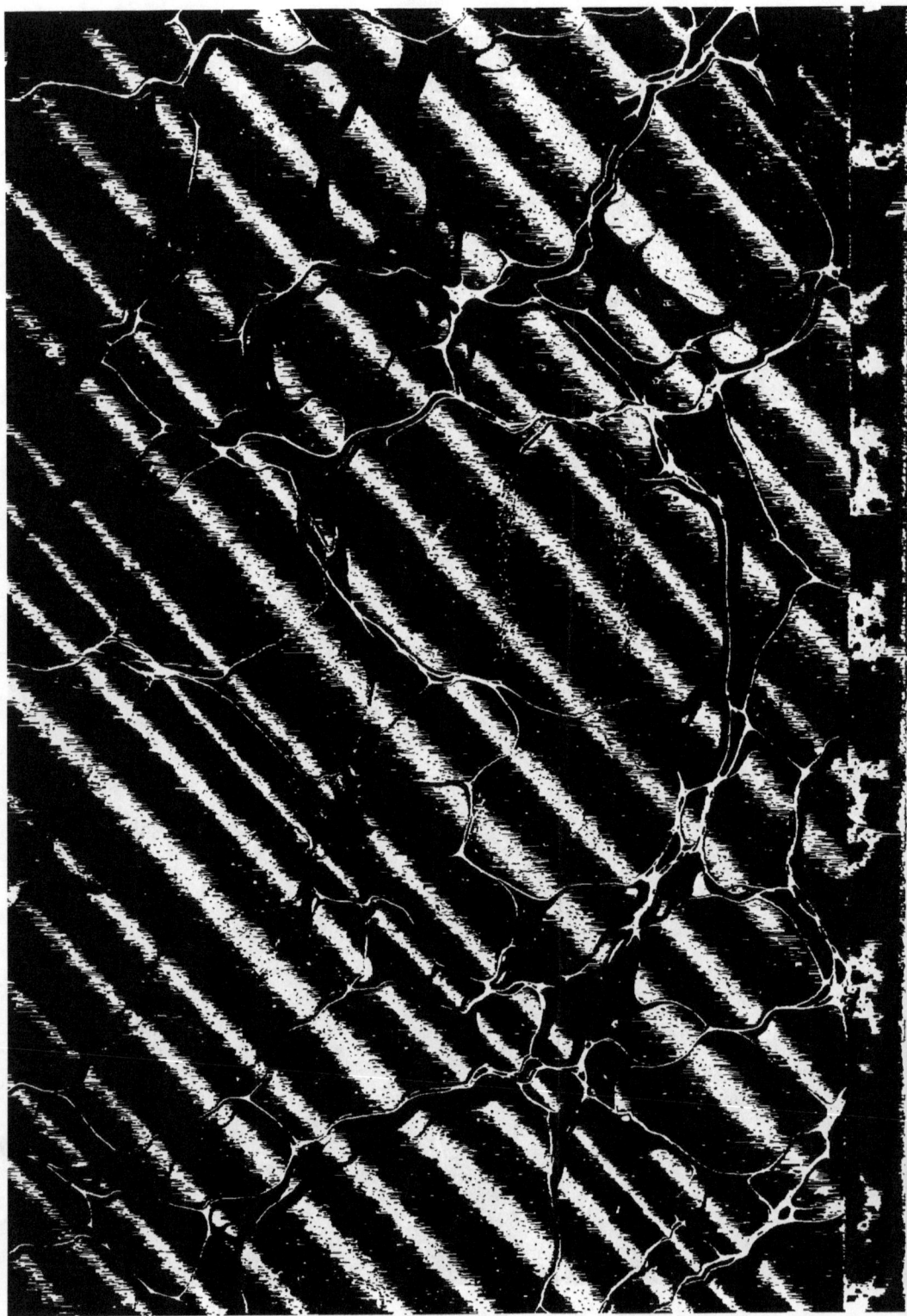

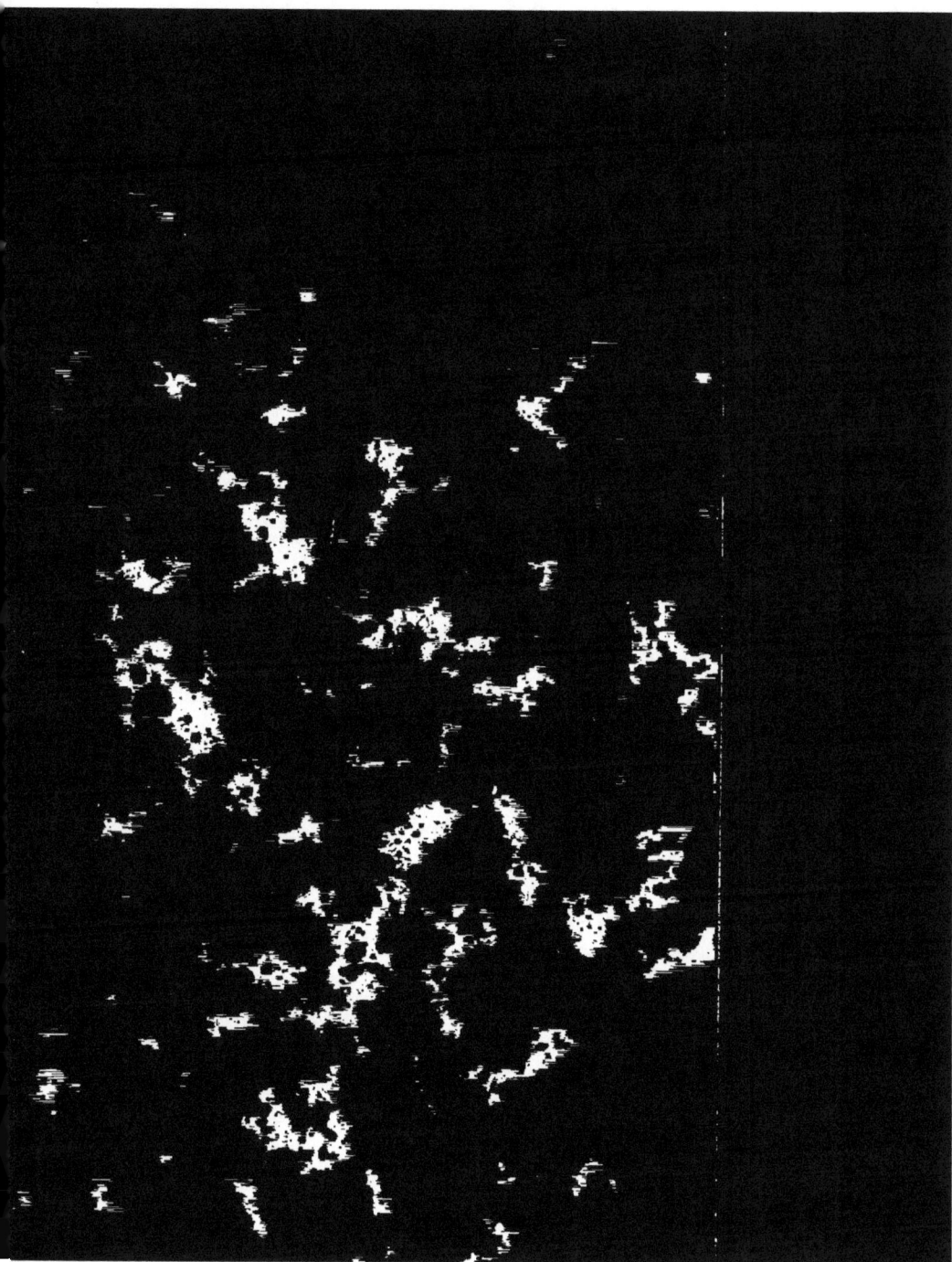